세븐 해빗

세븐 해빗

평범을 비범으로 바꾼 7인의 습관 혁명

초 판 1쇄 2024년 06월 14일

기   획 우희경
지은이 박별보라, 안재서, 김정길, 민세인, 강유리, 최지은, 박지연
펴낸이 류종렬

펴낸곳 미다스북스
본부장 임종익
편집장 이다경, 김가영
디자인 윤가희, 임인영
책임진행 이예나, 안채원, 김요섭, 임윤정

등록 2001년 3월 21일 제2001-000040호
주소 서울시 마포구 양화로 133 서교타워 711호
전화 02) 322-7802~3
팩스 02) 6007-1845
블로그 http://blog.naver.com/midasbooks
전자주소 midasbooks@hanmail.net
페이스북 https://www.facebook.com/midasbooks425
인스타그램 https://www.instagram.com/midasbooks

ISBN 979-11-6910-683-2 03190

값 17,500원

🐾 미다스북스는 다음세대에게 필요한 지혜와 교양을 생각합니다.

기 획

우 희 경

저 자

박별보라

안 재 서

김 정 길

민 세 인

강 유 리

최 지 은

박 지 연

HABIT

세븐 해빗

**평범을 비범으로 바꾼
7인의 습관 혁명**

미다스북스

습관이라는
기적을 만들어라!

어떻게 하면 변화된 삶을 살 수 있을까? 누구나 어제보다 더 나은 삶을 살고 싶어 한다. 그러면서 책도 읽어 보고, 자기 계발 강의도 듣는다. 아무리 마음먹고 실천해 봐도 작심삼일을 넘기는 게 쉽지 않다. 무엇이 잘 못된 걸까? 분명 열심히 하려고 하는데도 꾸준히 하는 것이 쉽지 않으니 말이다.

상담이나 코칭을 하면서 내가 직면한 문제도 바로 그것이었다. 최선의 방법을 알려주는데 왜 누구는 변화된 삶을 살고, 누구는 그대로인가? 몇 년을 지켜본 결과 습관 문제라는 점을 발견했다. 좋은 것을 배운 후 습관이 되지 않는다면 다시 예전 방식대로 돌아가 버린다.

반대로 유난히 삶의 변화가 빠른 분들도 있다. 그들은 3개월, 6개월만 지나도 큰 성장을 했다. 그들에게 물어보니, 비슷한 답을 했다. "좋아 보이는 것은 그냥 습관으로 만들었어요." 그렇다. 좋은 습관은 분명 자신의 삶을 변화와 성장으로 이끄는 가장 확실한 방법임이 틀림없다.

세계 최고의 부자 워런 버핏 회장이 자신의 성공 비결을 무엇을 꼽았는지 아는가? 그와 점심을 먹으려면 22억 원을 치러야 하는데도 사람들이 몰려, 경매를 진행한다. 그와 식사하며 성공 기술을 배우고 싶어 하기 때문이다. 지금부터 22억짜리 그의 성공 비결이 무엇인지 알려주겠다.

"그것은 습관이다. 당신이 고쳐야 할 습관과 친구의 좋은 습관을 메모하라. 그리고 당신의 것은 버리고 친구의 것으로 만들어라."

워런 버핏을 비롯한 성공한 사람들이 강조하는 것도 역시 '습관'이다. 안 좋은 것은 버리고, 좋은 습관을 따르는 것만으로도 삶은 달라질 수 있다. 중요한 것은 내 삶을 긍정적으로 변화시키기 위한 습관을 잘 가려내는 일이다.

이렇게 큰 성공을 한 사람부터, 이전과는 다른 삶을 사는 사람까지 관찰하다 보니 '습관'이 얼마나 중요한지가 보였다. 그때부터 좋은 습관을 지닌 사람들을 만나 인터뷰를 하기 시작했다. 부정적인 생각에서 긍정적인 생각으로 습관화하여 삶이 긍정적으로 변하신 분. 식습관을 바꿔 70kg대에서 20kg 감량에 성공하신 분. 철저한 시간 관리로 매출의 왕이 되신 분까지. 이렇게 평범함을 비범함으로 바꾼 분들을 만나며, 그분들의 이야기를 세상에 널리 알려야겠다고 생각했다. 워런 버핏의 말처럼 친구의 좋은 습관을 따라 하는 것만으로 성공할 수 있다면, 그 친구의 좋은 습관을 배워야 하니까.

여기 우리 주변의 친구 중 가장 좋은 습관이 있는 분들만 골라 한 자리에 모았다. 이 책에 나온 습관만 잘 따라 해도 삶의 큰 변화를 느낄 수 있도록. 그래서 하다가 중간에 포기하는 어려운 습관이 아닌, 일상에서 누구라도 따라 하기 쉬운 '작은 습관'에 초점을 맞췄다.

이를테면, 새벽 4~5시 기상이 아닌 6시 기상하기, 휘트니스 가지 않고 집에서 즐기는 운동법, 하루 30분 투자하여 책 읽기, 하루 3줄이라도 글쓰기 등이다. 조금만 관심을 갖고 따라 하다 보면 쉽게 몸에 배는 습관으로 만들 수 있는 것들이다.

이렇게 작은 습관이라도 100일 정도만 따라 하다 보면 금세 습관으로 자리를 잡을 수 있다. 습관은 원래 거창하게 시작하는 것이 아니다. 작게 시작해야 한다. 그래야 지속할 수 있다.

이 책은 습관을 형성하려고 노력했지만 포기만 반복했던 분들에게 희망적인 롤 모델을 제시한다. 성장하고 싶지만 어떻게 시작해야 할지 모르는 사람들에게는 큰 동기부여를 줄 것이다. 평범한 사람들이 일으킨 작은 습관 혁명이 부디 독자 여러분의 삶에 희망의 빛이 되어 줬으면 한다. 이 책을 읽고 습관을 바꿨다는 분들이 많아지길 바란다. 어쩌면 누군가에게는 인생 혁명이 될지도 모르는 7개의 작은 습관! 자, 이제 그 이야기 속으로 들어가 보자.

기획자 우희경

목 차

인생 최고의 무기, 독서하라

HABIT 6

글쓰기는 좋은 습관으로 이어진다

HABIT 7

당신의
생각을
긍정으로
무장하라

1

HABIT

당신의 낡은 부정적인 생각 습관을 찾아내라.

그것을 새롭게 원하 는 방향으로 바꾸라.

꾸준하게 생각하며, 꾸준하게 실천하라.

그것만이 당신 삶을 유일하게 바꿀 수 있는 길이다.

1.

듣는 것보다 중요한
좋은 생각 습관

가토 다이조의 『착한 아이의 비극』에서 말한 착한 아이의 7가지 특징 중 나에게 해당하는 4가지의 특징이 있다. 남의 눈치만 살피는 신경증적인 아이, '싫어!'라고 말하지 못하는 아이, 어리광을 부리지 못하는 아이, 자기 의견 없이 무조건 순종하는 아이다. 나는 어렸을 때부터 6살 어린 남동생을 엄마처럼 돌보았다. 내가 4학년쯤 때로 기억한다. 부모님이 늦게 오시는 날이면 동생과 텔레비전을 보고 있다가 정규 방송이 끝나는 시간이 되면 무서웠다. 방송이 끝나면 마치 세상과 단절되는 느낌이 들었기 때문이다. 텔레비전에서 애국가가 나오면 동생과 함께 가정용 게임기로 오토바이 운전, 슈퍼마리오 게임을 했다. 그러다가 부모님께서 문을 열고 오시는 모습을 보면 크게 안심하며 긴장이 풀렸다. 나는 부모님에게 얼마나 무서웠는지, 왜 일찍 오지 않았는지 말하지 않았다. 첫째 딸로서 인정받고 싶은 마음이 강했기 때문이다. 부모님께서 먼저 '혼자 동생을 돌보느라 힘들지 않았니?', '밤늦게 무섭지는 않았니?', '엄마 아빠가 늦게 와서 미안해'라고 말씀해 주시기를 바랐다. 하지만 나의 바람이 이루어진 날은 없었다. 부모님은 나를 동생을 잘 돌보고, 집안일은 잘 도와주는 듬직한 첫째 딸로 생각했다. 아빠가 동생에게 '엄마, 아빠가 없으면 누나가 엄마야.'라고 다정하고 힘 있게 말하던 모습이 아직도 생생하게 기억난다. 그런 기대에 부응하고 싶었는지 많은 감정을 표현하지 않고 혼자 삭혔다. 그렇게 감정이 경직된 채로 어른이 되었다.

어른이 되어서도 엄마의 의견을 그대로 받아들이고 잘 수긍했다. 그렇게 지내다 결혼을 하게 되었고, 결혼 후에도 남편의 의견에 많이 맞추었다. 어렸을 때부터 서로 다른 의견을 제시하고 해결하는 습관이 없다 보니 남편과 의견이 달랐을 때도 나의 의견을 전달하지 못한 채 남편의 말에 그대로 따랐다. 남편에게 잘해 주고 싶었고 잘살아 보고 싶은 마음도 컸다. 남편과 관계가 틀어질 때도 더 참으려고 노력했다. 참는 것, 표현하지 않는 것이 미덕이라고 생각했다. 더 솔직하게 말하면 문제를 해결하면서 생기는 마찰을 회피하고 싶었다. 남편과의 관계에서 참았다 폭발하고, 참았다 폭발하기를 반복했다. 나의 감정이나 의견을 말하지 않을 때는 어이없게도 남편은 못된 사람, 나는 착한 사람이라고 느꼈다. 하지만 잘못은 의견을 표현하지 않는 나에게 있었다. 대화로 해결할 수 있는 것들을 참다 보니 남편은 가끔 '정말 좋은 거 맞아? 당신도 이 선택에 후회 없지?'라고 물어보곤 했다. 남편은 항상 나의 명쾌한 의견을 듣고 상황을 조율하고 싶어 했을지도 모른다.

결혼 후에도 엄마, 동생을 챙기는 데 에너지를 썼다. (아버지는 돌아가셨다.) 항상 그들에게 어떤 도움이 필요한지 찾았다. 그들이 말하기도 전에 필요한 것들을 찾아서 제공했다. 그러면 가족들은 고마워했다. 생각해 보면 가족들이 나에게 도움을 요청한 것도 아닌데 스스로 나서서 나의 열정과 에너지를 쏟은 것이다. 결혼의 횟수가 5년 정도 지나자, 남편, 엄마, 나 사이의 미묘한 감정이 느껴졌다. 엄마를 맞추면 남편이 서운하고 남편을 맞추면 엄마가 서운해하는 경우가 빈번하게 발생했다. 처음에는 이 사람 저 사람 비위를 맞추며 어려운 고비를 몇 번 넘겼다. 그런데 시간이 지날수록 어느 장단에 맞추어 희생할지 몰랐다. 엄마와 남편 사이에서 허수아비가 된 채 가족들의 감정만 이리저리 받아주는 바보가 된 기분이 들었다. 남편과 엄마 모두 내 탓만 했다.

제주에 산 지 3년쯤 되었을 때 엄마와 동생이 제주로 여행을 오고 싶어 했다. 그때는 남편과 나 모두 심적으로 힘든 상태였다. 차마 엄마, 동생에게는 오지 말라는 말을 할 수 없었다. 남편 눈치를 보며 엄마와 동생이 제주에 내려 올 거라고 말했고, 남편은 내키지 않았지만 동의했다. 엄마와 동생이 집에 있는 동안 마음이 편하지 않았다. 남편과 나 모두 마음과 경제적으로 여유가 없는 상태였기 때문이다. 엄마, 동생이 내려간 후에도 나는 갈수록 점점 더 지쳐만 갔다. 편하지 않은 남편, 엄마와의 관계에서 무기력해져 갔다. 정신적으로 모든 것에 과부하에 걸리자, 가장 먼저 한 행동은 엄마, 동생 놓아주기였다. 딱히 엄마와 동생에게 무언가를 해 준 것은 아니었지만 혼자만의 책임감에 속박되어 그들에게 좋은 딸, 좋은 누나가 되고 싶은 추잡한 욕심을 버린 것이다.

그 뒤로 엄마, 동생에게 한동안 연락하지 않았다. 연락하지 않으니 엄청난 자유를 느꼈다. 큰 바위에 짓눌러 있던 것에서 해방된 느낌이었다. 세상이 더욱 크게만 보였고, 뭐든 마음껏 할 수 있을 것만 같았다. 자유로운 마음이 들었지만, 순식간에 우울감이 몰려왔다. 조금씩 키워 온 우울한 감정들이 점차 복리로 늘어나 어느 순간 감당할 수 없을 만큼 커졌다. 아무것도 하고 싶지 않았다. 할 의욕도 없었다. 매일 침대에 등을 붙이고 밋밋한 천장만 하염없이 바라보고 싶었다. 방은 빙그르르 돌아가는 작은 우주 같았다. 그 좁은 방안이 나에게는 전부처럼 느껴졌다. 방 천장은 매일 우울하게 꿀렁거리며 천천히 돌아갔다. 가득하게 밀려오는 부정적인 생각들을 모두 기꺼이 받아 주었다. 작게 들어온 부정적인 감정도 크게 키우는 재주까지 갖추게 되었다. 이렇게 무기력한 감정보다 차라리 분노를 느끼거나 슬픈 감정이 훨씬 건강한 감정이라는 생각이 들었다. 무기력한 감정은 마음과 정신이 깃들지 않은 채 몸만 의미 없이 둥둥 떠다니는 느낌 같았다. 살아 있어서 행동하고 있는 모든 순간이 괴로웠다. 내 앞에서 신나고 귀엽게 춤을 추는 6살 아들을 보면서 아무 감정이 들지 않는 내 몸과 감정이 끔찍했다.

이런 감정이 무서워 엄마에게 전화를 걸었다. 엄마가 걱정해 주시는 마음은 느껴졌으나 딱히 위로되지는 않았다. 오히려 살기 편안하니깐 우울감을 느낀다는 말만 들었을 뿐이다. 그 말을 듣는 순간에는 웃으면서 엄마 말이 맞는다고 대답했지만, 며칠이 지나고 그 말은 나에게 상처로 돌아왔다. 인생에서 가장 힘든 순간이, 먹고살기 편한 순간으로 대체 된다는 것이 슬펐다. 이런 우울감은 거의 10개월 동안 유지되었다.

10개월이 지나자 행복해지고 싶은 생각이 들었다. 나는 매일 밋밋한 지옥을 보내고 있었다. 그 지옥이 더는 싫었다. 변하고 싶었다. 그렇다고 하루아침에 천국이 되기를 바란 것은 아니다. 오늘이 100만큼의 지옥이었다면 내일은 99.99의 지옥이길 바랐다. 어제의 지옥이 99.98이었다면 내일의 지옥은 99.97이 될 수 있도록 노력했다. 그렇게 0.01% 나아지는 처절한 노력을 했다. 3개월, 6개월이 지나자 점차 활기찬 모습으로 바뀌었다. 하지만 처음 3개월은 스스로에 대한 저항, 환경의 저항으로 무척이나 힘들었다. 변화가 느껴지기는커녕 '매일 나아지고 있나?'라는 의심만 가득했다. 그래도 포기하지 않고 매일 조금씩 달라지고 있다고 믿으며 0.01%의 노력을 꾸준하게 했다. 그렇게 눈물 나는 노력을 어떻게 할 수 있었을까? 이유는 정확히는 모르겠지만 아들의 영향도 있었을 것이다. 그리고 지금까지 열심히 살아온 박별보라의 인생이 그대로 망가지게 놔두고 싶지는 않았다. 잘 살아왔기 때문에 그 인생을 다시 세우고 싶었다. 온 힘을 다해 이를 악물고 하루, 하루를 살아갔다. '삶이 변하고 있는 것인가?'라는 생각도 사치에 불과했다. 매일 무조건 나아져야만 했다. 나를 바꾸고, 인생을 바꾸는 일이 정말로 절실했다. 이처럼 습관을 바꾸는 일은 생각처럼 간단하지 않다. 특히 행동 습관 보다 생각, 감정의 습관을 바꾸는 일은 더욱 어렵다. 자기 생각 습관부터 인정해야 하기 때문이다. 하지만 한 번만 바꾼다면 당신은 자유로워진다. 당신이 자유로워지면 혜택을 보는 것은 자신뿐만 아니다. 생각 습관이 긍정적으로 바뀌면 자신에게도 관대해진다. 그 관대함을 자연스럽게 주변 사람들에게도 나눠줄 수 있다. 자신에 대한 사랑이 늘어나니 주변 사람들도 진심으로 사랑하게 된다. 개방적으로 자신의 의견을 표현하고 상대의 의견도 투명하게 있는 그대로 받아들일 수 있다.

생각 습관을 바꿀 때 성공한 사람들을 보면서 '왜 나는 저렇게 되지 못할까?'라는 생각이 든다. 하지만 오직 어제보다 0.01% 나아졌다면 충분히 성공한 것이다. 한 번에 10%씩 바뀌는 절대로 사람은 없다. 한 번에 10%씩 바뀌었다고 해도 그것은 0.01% 적은 노력과 습관들이 모여 한 번에 성과를 낸 것이다. 그러니 당장 오늘부터 당신도 좋은 생각 습관을 위한 0.1%의 노력을 실천해 보자. 쉽지 않은가? 이 글을 읽고 있는 당신이라면 충분히 해낼 수 있다.

2.

감정의 변화는
글쓰기로부터 시작된다

'글쓰기와 인생의 본질은 똑같다. 뭔가를 발견하는 항해라는 점에서 특히 그렇다.' 소설가 헨리 밀러의 말이다. 우리는 올바른 생각만 하면 인생이 잘 풀릴 것이라는 착각 속에 산다. 하지만 당신의 생각을 글로 표현하기 전까지 그것들은 당신의 머릿속에 아무렇게나 엉켜 있는 실타래에 불과하다. 생각과 감정이 세상에 나오지 못했기 때문이다. 글로 쓸 때 그 감정의 실체들이 살아나는 것이다. 여기서 반박할지도 모르겠다. '좋은 생각을 꼭 글로 써야 하나?'라는 생각이 들 수 있다. 하지만 당신이 계획한 일들을 생각만한 날과 직접 글씨로 쓴 날, 어떤 날이 더 실천력이 높을 것 같은가? 대답은 뻔할 것이다. 좋은 감정들을 쓰면 더욱 기억하기 쉬워진다. 나쁜 감정들을 쓰면 그것을 더욱 객관적으로 볼 수 있다. 감정을 쓰는 순간 그 감정의 쓸모는 태어난다.

　나도 감정에 뒤엉켜 빠져나오지 못할 때가 있었다. 10개월 동안 부정적인 감정에서 헤매다가 글을 쓰기 시작했다. 글을 써야겠다고 딱히 마음먹은 것은 아니었지만 어느 순간 보니 글쓰기에 매달려 있었다. 온종일 글 생각뿐이었다. 감정, 생각, 일상들을 모두 기록하고 싶은 욕망에 사로잡혔다. 글을 쓰다 보니 나도 모르고 있던 내 안의 고통이 쏟아져 나오기 시작했다. 고통을 빨리 글로 토해내고 싶었다. 이상하게도 고통을 글로 쏟아내면 그 고통을 마주하기 편해졌다. 그때는 써도 써도 부족했고, 고통을 토해 내고 토해 내도 부족했다. 마치 글 변비에 걸린 것만 같았다. 쓰기에 대한 집착이 글쓰기 모임에 가입하게 했다. 하루에 한 개의 글을 써서 인증하는 단순한 모임이었다. 몸은 일상을 유지하고 있지만, 머릿속은 글의 주제로 가득차 있었다. 주말이 되면 가족들과 바닷가로 캠핑을 하는 것이 못마땅했다. 온종일 골방에 갇혀서 먹지도 않고 글을 쓰고 싶은데 가정의 화목을 위해 시간을 보내는 것이 애가 탔다. 글 변비를 해소하고 싶은 마음만 가득했다. 글을 쓰면서 감정을 명확하게 확인하니, 감정에 휘둘리는 것이 아니라 감정을 선택할 수 있게 되었다. 새로운 감정을 선택하기 위해서는 새로운 지식이 필요했다. 그때부터 감정 관리에 도움이 되는 책을 읽기 시작했다. 글을 쓰기 전에는 나에게 필요한 지식이 무엇인지 알지도 못했다. 무지한 채로 계속 불안을 느끼기만 했다. 어떤 병에 걸렸는지 모르면 불안하고 그 병을 치료할 수도 없다. 하지만 의사에게 정확한 병명을 진단받으면 그에 맞는 치료를 할 수 있다. 글을 쓰는 행위는 마치 의사에게 진료를 받는 행위와 같다. 글로 감정이 실체화되면 어디를 치료해야 할지 본인 스스로 판단할 수 있다. 글을 쓰면서 메타인지 능력도 좋아졌다. 나의 장, 단점이 느껴지기 시작했다. 예전에는 나의 단점은 수치스러웠고 감추려고만 했다. 하지만 글로 나를 들어낸 순간 단점들마저 있는 그대로 받아들여지는 경험을 했다. 그러면서 자신을 사랑하는 마음도 더 커졌다. 삶도 주도적으로 변하기 시작했다. 글을 쓸 때 남편의 반대가 있었다. 아내가 눈이 멍한 상태로 다른 생각을 하는 것이 마음에 들지 않은 모양이었다. 그때는 남편도 일을 쉬고 있었고, 아이도 6살인데 유치원에 다니고 있지 않을 때였다. 하루에 두 번의 식사와 두 번의 간식을 매일 다른 것으로 준비했다. 집안일을 하면서 짬이 날 때는 아이와 놀아 주었다. 그런 하루를 보내다 겨우 5분 10분이라도 시간이 생기면 글을 쓰기 위해 노트북을 열었다. 1분을 쓰면 '엄마~!' 30초를 쓰면 '여보~!'의 부름이 있었지만 글쓰기는 멈추지 않았다. 이렇게 집안일을 훌륭하게 해내고 있는데도 남편은 글을 쓰는 아내를 못마땅해했다. 지금 생각해 보면 어이가 없다. 아내가 할 일을 다 하고 아이가 잘 때나, 겨우 짬이 날 때 글을 쓰는 데 반대라니! 하지만 나는 남편의 반대에 진심으로 '글을 쓰지 말까?'라고 고민했었다. 그때만 해도 타인의 말과 행동에 많은 영향을 받았을 때였다. 하지만 나는 글을 계속 쓰면서 주도적으로 변했다. 타인에 말과 감정에 휘둘리지 않는 사람이 되어갔다. 글을 쓰면 스스로가 무엇이 부족한지 명확하게 알게 된다. 그러면 그것을 채워줄 지식을 자연스럽게 찾게 된다. 그렇게 글쓰기로 예습을 하고 부족한 부분은 독서로 복습을 하게 되는 단계를 거치게 된다. 자신의 감정을 알고 싶다면 글쓰기를 해 보라. 당신의 적나 한 감정을 보고 그것을 통해 많이 배우고 성장할 수 있다.

   그럼 글을 한 번도 써보지 않은 사람은 어떻게 글쓰기를 시작해야 하는가? 자신을 알기 위해 글을 쓰는 것이지 글쓰기로 우수상을 받기 위해 쓰는 것이 아니다. 단지 자신의 감정과 생각을 써 내려가기만 하면 되는 것이다. 처음에는 나도 글을 쓰고 싶다는 욕심은 많았지만 어디서부터 어떻게 써야 할지 몰랐다. 글쓰기 분량은 어느 정도로 써야 하는지 감조차 잡기 어려웠다. 쓰고 싶은 내용이 있어도 어떻게 시작해야 할지도 전혀 몰랐다. 다행인 것은 글쓰기는 글쓰기 능력과 전혀 상관없다는 것이다. 글쓰기에 취미가 있는지 없는지도 중요하지 않다. 누구에게 잘 보이기 위한 글이 아니기 때문에 글을 못 써도 문제가 되지 않는다. 글을 통해 자신의 감정을 해소하고 그것을 객관적으로 알아차리기만 하면 그만이다. 일단 펜을 잡고 한 문장을 쓰는 것이다. '쥐구멍으로 숨고 싶었다.' 이렇게 말이다. 혹시 이것이 어렵다면 '창피하다.'라고만 쓴다. 이것도 어렵다면 휴대전화의 메모장에 '창피함'이라고 쓰는 것이다. 이것도 어렵다면 '창'이라는 외 글자만 쓰는 것이다. 'ㅊ'을 쓰는 순간 당신 감정의 실체는 드러난다. 그 감정이 드디어 세상에 태어나는 순간이다. 감정을 글로 쓰고 나면 자신에게 위로받을 수 있다. 누군가에게 답답한 마음을 털어놓으면 마음이 한결 가벼워지는 것처럼 말이다. 하지만 글쓰기는 누굴 만나는 수고로움과 비용, 시간까지 절약할 수 있다. 그러니 글을 써서 자신의 감정을 들여다보고 위로해 주는 시간을 가져 보자. 자신의 감정을 쓰면 문제 해결을 위한 실마리가 보이기 시작한다. 당신이 한 단어라도 꾸준히 쓴다면 새로운 습관도 만들 수 있다. 그 새로운 습관은 스스로에 대한 신뢰를 높일 수도 있다. 글로 쓰지 않으면 자신의 부정적인 감정 습관들을 알아차리기 힘들다. 쓰지 않는 자는 자신이 부정적인 감정이 생길 때마다 환경, 타인 탓만 하게 될 것이다. 부정적인 감정에 대해 자세하게 느껴지는 데로 써 보라. 그 과정에서 당신은 스스로에 대해 더욱 많이 알아 가게 될 것이다. 그동안 당신을 괴롭혔던 부정적인 감정에서 해방될 수도 있다. 그렇다고 하루아침에 펜을 잡고 자신의 감정을 구구절절 쓰라는 것이 아니다. 매일 느꼈던 감정을 하루에 한 단어라도 쓰면 된다. 쉽지 않은가? 오늘부터 실천해 보는 것은 어떨까?

3.

자기 사랑은
긍정적 생각의 첫걸음이다

인터넷 검색창에 '긍정적인' 단어만 써도 연관검색어에 긍정적인 글귀, 긍정적인 마음, 긍정적인 기대, 긍정적인 말, 긍정적인 생각이라는 문장이 자동으로 완성된다. 그만큼 사람들은 긍정적인 생각을 유지하는 것에 관심이 많다. 이유는 무엇일까? 그것은 아마도 긍정적인 생각을 유지하기 어렵기 때문일 것이다. 하루에도 몇 번씩 환경과 타인에게 원하지 않는 부정적인 피드백에 노출된다. 한 번 부정적인 생각에 빠져들게 되면 그 생각은 더욱 확산하여 멈추기 어려울 때도 있다.

그럼 긍정적인 생각은 어떻게 습관화할 수 있을까? 부정적인 생각 습관을 고치고 싶어도 매번 실패했던 경험이 있었을 것이다. 긍정적인 생각을 잘 유지하기 위해서는 타인을 이해하는 마음이 중요하다. 우리는 함께 살아가는 사회에 살고 있다. 혼자서는 아무것도 이룰 수 없다. 사람을 통해 이루는 것이 성공이다. 타인을 이해하기 위해서는 자신을 이해하는 일이 선행되어야 한다. 자신조차 이해할 수 없는 사람은 타인을 이해하는 마음이 클 수가 없다. 자신에 대해서 잘 몰라도 타인은 잘 이해할 수 있다는 의견이 있을 수 있다. 하지만 자신의 모든 면을 잘 받아들이는 사람이 개성 있는 타인도 쉽게 받아들일 수 있다. 자신을 이해했던 방식으로 타인을 이해하기 때문이다. 자신을 있는 그대로 받아들이고 사랑하기 위해서 가장 중요한 마음은 자신을 긍정적으로 생각하는 것이다. 자신을 긍정적으로 생각해야지 상황을 긍정적으로 해석할 수 있다. 스스로 사랑하는 일이 광범위하게 느껴진다면, 매일 자신에게 한가지의 칭찬을 해보라. 나는 하루의 계획을 빡빡하게 세웠다. 쉬는 시간도 없이 시간대별로 할 일을 계획했다. 며칠은 성공해서 뿌듯했지만 갈수록 쉬고 싶다는 생각이 강하게 들었다. 몸이 피곤해지자 계획한 일을 절반 정도밖에 실천하지 못했다. 그럴 때마다 자신을 비난했다. '그렇게 쉬니깐 좋았니?', '그냥 흘려보낸 시간이 정말 아깝다.'라며 투덜거렸다. 그렇게 며칠을 보내고 생각을 바꿨다. 자기 비난 대신 칭찬으로 말이다. '바쁘지만 그래도 반이나 실천했구나!' 이 칭찬 하나가 자기 위로로 이어졌다. '그 빡듯한 계획을 그동안 어떻게 소화했니?', '하루 계획에 휴식 시간도 넣어 보자.'라고 말이다. 칭찬은 고래도 춤추게 한다고 하지 않는가? 칭찬해서 스스로가 춤추게 만들어 보라. 꼭 거창한 일만 칭찬할 필요는 없다. 자신이 했던 일 중 아주 사소한 일을 찾아 칭찬하면 된다. 예를 들어 '오늘도 출근해서 근무한 나 칭찬해. 잘했어.'라고 말이다. 생각해 보면 우리는 하루를 열심히 살아가고 있기에 칭찬할 일들이 많다. 그중 하나를 찾아서 자신의 어깨를 손으로 감싸 안고 토닥토닥하며 칭찬해 보자. 일반적으로 사람들은 타인이 어려운 일을 당하면 위로를 해 주고 기꺼이 도와주려고 한다. 그런 자연스러운 마음을 자신에게도 베푸는 것이다. 어려운 상황에 있을 때, 실수했을 때 자신을 잘 돌보고 위로해 주자. 그러면 또 한 발짝 나갈 힘이 생기는 것이다. 자신에게 항상 따뜻한 손길을 내밀어야지 긍정적인 생각이 꽃피우기 시작한다.

자신을 스스로 과소평가하고 비난하고 있다면 당장 그것부터 고쳐야 할 것이다. 나 자신조차 마음에 들지 않는데 어떻게 상황을 긍정적으로 볼 수 있을까? 그래서 자신을 긍정적으로 생각하고 판단하는 능력이 중요하다. 자신을 사랑하면 일단 마음에 여유가 생긴다. 결국, 자신을 긍정으로 꽉 채워야 긍정적인 생각이 든다는 것이다. 당신의 부정적인 생각들을 한번 떠올려 보라. 상대가 나를 비난해서 부정적인 생각이 드는가? 상황이 억울해서 당신이 부정적인 생각을 할 수밖에 없는 상황인가? 누군가 당신을 비난할 때 당신은 타인의 비난이 마땅하다고 동의한 나머지 기분이 나빠지기 시작한다. 하지만 자신을 사랑하는 사람은 상대가 무엇 때문에 나를 비난하는지 객관적으로 판단해 본다. 그가 옳은 의견이라면 자신의 행동을 수

정한다. 상대의 비난이 내용 없이 그저 당신을 비난한 것이라면 상대의 인격이 그 정도밖에 되지 않는 것으로 생각하고 넘어갈 것이다. 이렇듯 부정적인 생각은 자신 부정에서 비롯된다. 환경 때문에 어쩔 수 없이 부정적인 생각이 수밖에 없다는 사람들도 있을 것이다. 예를 들어 부모님이 가난해서 많은 교육과 지원을 받지 못했다고 해 보자. 부정적인 생각을 떠올리는 사람은 부모를 탓하기에 바쁘다. 하지만 부모 탓을 한다고 해도 과거로 돌아가거나 갑자기 상황이 좋게 변하는 것도 아니다. 부모를 탓하는 사람은 자신에 대한 성장, 능력을 아주 현저하게 낮게 평가하고 있다. 자신의 능력을 부모의 경제적인 상황으로 제한하기 때문이다. 상황만 객관적으로 인정한 후 자신이 할 수 있는 일을 찾으면 된다. 상황이 어려워도 자신의 자아상이 긍정적으로 정착되어 있으면 어떠한 상황에서도 긍정적으로 해석할 수 있다. 예를 들어 비 오는 날 자동차가 세게 지나가 당신의 바지가 젖었다고 생각해 보자. 자신을 긍정적으로 판단하는 사람은 오늘은 비가 왔고 웅덩이에 물이 고여 있어서 어쩔 수 없다고 생각할 것이다. 부정적으로 생각하는 사람은 '이제는 저 자동차까지 나를 무시하네!'라고 자신의 자아상대로 상황을 해석할 수 있다. 그러므로 자신을 사랑하고 긍정적으로 생각하는 사람이 상황도 긍정적으로 받아들일 수 있다.

결국, 자신을 사랑하면 긍정적인 생각을 하게 된다. 자신을 사랑하는 사람은 자신의 욕구를 잘 파악하고 그것들을 잘 챙겨줘서 자신이 지치지 않게 관리한다. 자신을 돌보는 일에 집중하지 않고 상대만 돌보다 보면 체력이나 감정적으로 소진되어 더는 한 발짝도 나갈 수 없는 상황을 맞이할 수도 있다. 자신의 몸이 지금 피곤한지, 에너지는 얼마나 남아 있는지 내가 하루에 할 수 있는 일의 양은 얼마인지 잘 생각하여 몸을 관리해야 한다. 몸의 상태가 좋아야 생활도 자연스럽고 활기차게 유지된다. 자신의 감정도 잘 돌봐야 한다. 위로가 필요한지, 포기하고 싶은 마음이 드는지, 무엇이 필요한 것인지 잘 파악해서 자신에게 알맞은 것을 채워 줘야 한다. 그것이 자신을 사랑하는 방법이다. 우리는 외부를 통제할 수 없다. 오직 자기 자신만을 통제할 수 있다. 외부의 부정적인 상황이 자신에게 통과될 때 긍정적인 생각을 하기 위해서는 자기 자신이 긍정적인 도구가 되어야 한다는 것이다. 모든 생각은 바로 들어오지 않는다. 자신이 주관적으로 해석한 대로 받아들여진다. 그래서 그 상황을 해석하고 있는 자신을 사랑하고 긍정적으로 봐 주어야 한다는 것이다.

마지막으로 자신을 사랑하고 긍정적인 생각 습관 유지에 가장 쉬운 방법을 알려 주겠다. 그것은 감사하는 마음이다. 어떠한 상황에서도 감사함을 찾는다면 긍정적인 생각을 유지하기 쉽다. 나는 아이가 투정을 부려서 힘든 상황에서 아이가 건강해서 감사하다고 생각한다. 육아와 직장 때문에 나만의 시간을 많이 가질 수 없는 상황에서 그래도 직장이 있음에 감사함을 느낀다. 감사하는 마음은 없는 것에 대한 불안감을 없애 주고, 가지고 있는 많은 것에 대해 감사하는 평온한 마음을 준다. 감사함은 언제 어디에서나 찾을 수 있다. 오늘도 건강하게 하루를 보낼 수 있는 것, 건강한 가족, 깨끗한 물을 마음껏 마실 수 있는 것, 입을 옷이 있는 것, 먹을 수 있는 음식, 예쁜 하늘과 나무, 선택할 수 있는 자유 등 우리에게는 감사할 일이 너무도 많다. 감사한 것들을 당연하게 여기지 않고 감사하게 받아들인다면 자기 사랑과 긍정적인 생각도 자연스럽게 커질 것이다.

4.

도전도
연습된 습관이다

　당신은 하루에 얼마나 많은 도전을 하는가? 현재와 비슷한 선택을 하면서 인생이 바뀌기를 바라는 것은 이치에 맞지 않는다. 새로운 도전을 할수록 당신의 인생은 변화될 확률이 높다. 당신이 긍정적으로 변하기를 원한다면 작은 도전이라도 필수적이다.

　새로운 도전은 어떻게 해야 하는가? 그것은 바로 아무것도 준비되어 있지 않을 때 시작하는 것이다. 나는 22년 11월부터 많은 새로운 도전을 했다. 인스타 글 계정 만들기, 브런치스토리 시작하기, 다이어트, 유튜브, 새벽 기상, 독서, 확언, 글쓰기, 감사 일기, 붓글씨 배우기, 엄마 감정 놀이터 모임 개설 등 말이다. 인스타 글 계정을 시작하려고 할 때 '나는 아직 글 실력이 부족해.' '나는 전문적으로 글을 써 본 적이 없어.'라는 안일한 생각이 끝없이 올라왔다. 안일한 생각을 이겨내고 용기를 내어 글 계정을 만들었다. 처음에 글을 올린 후, 읽어 보면 너무 부끄러워서 쥐구멍에 숨고 싶었다. 부끄러운 마음에 인스타 계정을 삭제하고 싶었다. 삭제가 아니라 다이너마이트로 폭발을 시켜서 흔적조차 남지 않게 하고 싶었다. 하루는 남편이 인스타에 올린 나의 글을 읽어 보라고 했다. 내가 읽어 주니 남편은 미간에 주름을 잡고 입꼬리는 올린 채 글을 정말 못 쓴다고 말했다. 남편의 표정에 혼자 상처받아 상심이 컸다. 스스로 생각하기에도 정말 부끄러운 글을 몇 개 지우고 2주 동안 인스타에 글을 올리지 않았다. 시간이 지나니 마음이 진정됐는지 다시 글을 썼다. 그러자 점점 나의 글에 공감해 주는 사람들이 생겨났다. 인스타도 글 계정도 단계별로 성장했다. 카드 뉴스, 사진, 손 글씨, 영상 이런 식으로 발전했다. 물론 영상을 처음 올릴 때도 많은 망설임이 있었다. '오늘은 머리 모양이 마음에 들지 않아.', '대본을 완벽하게 준비하지 못했어.', '촬영할 완벽한 장소가 없어.', '영상을 찍기엔 옷이 마음에 들지 않아.', '내일 찍어도 될 거야.'라는 안일한 생각 습관이 밀려왔다. 그렇게 도망가고 싶은 순간에 바로 실천했다. 그 결과, 단순한 편집 기술도 전혀 몰랐던 내가 여러 개의 영상을 편집하고 영상에 목소리 녹음도 가능해졌다. 새로운 도전을 할 때 필요한 것은 완벽한 준비가 아니라 완벽한 용기다. 다이어트 모임도 준비되지 않은 채 시작했다. 혼자 다이어트를 하기 막막해 인스타에 3개월 동안 3kg을 빼겠다고 선언했다. 함께 하실 분은 같이 하자고 하니 댓글이 3개가 달렸다. 함께 다이어트를 하기 위해 전화번호를 물어보기 전 이런 생각들이 또 밀려왔다. '그냥 하지 마! 귀찮아!', '새로운 일은 피곤해!', '너는 모임을 운영해 본 적도 없잖아!', '너는 다이어트에 관한 전문 지식도 없잖아!', '매일 모임을 운영하는 것은 피곤한 일이야!', '지금이라도 시작을 안 하면 돼!'라고 두려운 생각 습관들이 나에게 말을 걸었다. 하지만 그 순간만 이겨 내면 되는 것이다. 결국 나는 다이어트 모임을 의지로만 시작했다. 전문 지식은 전혀 없었고 자신도 없었지만 '마티니'(마이루틴)라는 다이어트 모임을 10개월 정도 운영했다. 회원들의 운동 인증을 수기로 매일 체크하고 공유했다. 1박 2일 연수를 갈 때도 그것들을 챙겨 가 모임원들의 운동 인증을 수기로 표시하고 사진을 찍어 단체 채팅방에 보냈다. 이렇게 다이어트 모임을 운영한 경험으로 현재는 엄마 감정 놀이터 모임을 하고 있다. 아마 다이어트 모임을 시작하지 않았다면 지금의 엄마 감정 놀이터의 모임도 없었을 것이다.

내가 이렇게 새로운 도전을 하고 유지할 수 있었던 이유는 '새로운 인생에 대한 갈망'이 컸기 때문이다. 긍정적으로 변하는 삶을 살고 싶었다. 성장하는 삶을 살고 싶었다. 예전의 내 모습은 너무나도 고리타분하여 바꾸고 싶었다. 인생을 바꾸고 싶다는 큰 욕망이 새로운 도전을 할 수 있는 용기를 주었다. 도전할 때 가장 큰 착각은 많은 준비를 해야 한다는 것이다. 완벽하게 준비할수록 성공할 것 같지만 시간만 지체된다. 일단 시작해서 실패를 반복한 후에 점점 완벽한 결과를 만들면 된다. 혹시 실패가 두려운가? 사람들의 평가 때문인가? 사람들은 당신의 실패에 전혀 관심이 없다. 관심이 있다고 해도 순간일 뿐이다. 나의 실패에 가장 관심이 많은 건 자신뿐이다. 그 실패를 발판으로 과정을 계속 수정해 나가는 것이다. 실패는 도전하는 자만이 경험할 수 있는 가치다. 시작하지 않은 자에게는 실패의 기회도 주어지지 않는다. 자신의 실패를 기꺼이 따뜻하게 맞이하라. 새로운 도전을 할 때 두려운 감정이 생기는 것은 당연하다. 그 순간을 이겨 내야 한다. 그것은 두려움이 아니다. 그저 현실을 유지하고 싶은 게으른 생각 습관일 뿐이다.

도전도 습관이다. 새로운 도전을 즐기는 사람은 자주 새로운 도전을 한다. 새로운 도전이 두려운 사람은 도전을 미루기만 하다가 끝내는 포기하고 현실에 안주하는 삶을 살게 된다. 나에게도 새로운 도전은 골칫거리였다. 어설픈 나의 도전을 사람들이 평가하는 것이 두려웠고, 익숙한 삶에서 게으르게 사는 것이 편했기 때문이다. 새로운 도전을 하기 위해서는 게으른 본능을 이겨야 한다. 다음은 본능을 이기는 나의 행동들이다. 출근 전에 잠을 포기하고 명상과 확언, 감사 일기를 쓴다. 잠을 더 자면 그 순간의 만족이지 남는 것이 없다. 나는 명상도 완벽하게 시작하지 않는다. 그냥 눈을 감고 호흡에 집중한다. 잡생각이 들면 그 잡생각을 인지하는 정도이다. 명상 시간도 3분 내외로 할 때도 많다. 완벽하게 하려는 습관을 버리면 가능한 것들이 참 많다. 명상하면 하루를 안정적으로 시작할 수 있고, 감사 일기를 쓰면 많은 것에 감사한 마음을 갖는 하루를 보낼 수 있다. 퇴근 후에는 맥주와 열량 높은 맛있는 안주를 먹으며 영화를 보고 싶은 본능이 있다. 그 본능을 꺾고 저녁을 만들어 먹고, 7살 아이와 짧게 공부를 한 후 잠깐의 짬을 내어 글을 쓰거나 책을 읽는다. 하루가 주도적으로 마무리된 기분이 든다. 가공식품이나 달고 짠 것들을 마음껏 먹고 싶은 본능 대신 자연 음식을 섭취한다. 누워서 휴대전화를 하는 대신에 근력 100회, 줄넘기 100회를 한다. 본능적으로 행동하는 것은 보통 유익한 결과를 가져오지 못한다. 편하게 살기는 쉽지만, 발전과 성장은 없다. 본능을 거스르는 행동이 늘어날수록 새로운 도전을 시도하게 되는 것이다. 인생이 불편해질수록 성장하게 된다. 처음에만 불편할 뿐이지 그것을 뛰어넘으면 오히려 루틴이 되어 더욱 안정된 삶을 살 수 있다.

나는 새로운 도전을 자주 하다 보니 처음에 형편없는 나의 실력 익숙해졌다. 무엇이든지 처음 도전하면 어설프다. '나는 왜 이렇게 못하지?', '나의 실력은 언제 좋아지나?' '역시 나는 재능이 없나 보다.'라는 생각이 든다. 이런 생각이 들 때마다 포기하고 싶었다. '괜히 시작했다.'라는 생각도 들었다. 하지만 이제는 무엇이든지 가볍게 시작해서 1년은 꾸준하게 해 보자는 마음이 있다. 결과물이 처음부터 완벽할 수는 없다. 금메달을 딴 선수들도 꾸준한 연습으로 그런 결과를 만들어 냈다. 그들은 식사, 잠자는 시간을 제외하고는 연습에 몰두한다. 그만큼 좋은 결과는 쉽게 주어지지 않는다. 적어도 1년 이상 매일 조금이라도 꾸준하게 노력해야 능력이 좋아지는 것이다. 다이어트도 새로운 도전이라고 할 수 있다. 1개월 만에 6kg을 뺐다면 1개월 만에 다시 7kg이 찔 수 있다. 하지만 식단 관리를 하며 꾸준하게 운동하면 6개월이 지나면 식습관이 바뀌고 요요 현상은 줄어들 수밖에 없다. 사회가 빠르게 변화하고 남들과 비교하기 쉬운 상황에서 우리는 적은 노력으로 좋은 결과를 만들기를 바란다. 짧은 시간을 투자하고 완벽한 결과를 원한다. 하지만 그런 일은 일어나지 않는다는 것을 알면 도전하기 쉬워진다. 결과에 욕심을 버리고 과정을 즐기라. 자신에 대한 과한 기대치를 낮추라. 일단 시작해야 도전할 수 있다. 새로운 도전을 가볍게 시작하자. 아주 사소한 것이라도 말이다.

5.

생각이 바뀌면
새로운 습관은 따라온다

습관은 행동을 바꾸는 것이 아니다. 생각을 바꾸는 것이다. 생각이 바뀌면 그에 따른 행동이 바뀐다. '금연은 어려울 거야!'라고 생각하는 사람은 실제로 금연에 성공하기 어렵다. 성공해도 자기 생각처럼 어렵게 성공하게 될 것이다. 반면에 '새로 태어나는 아이를 위해 금연을 하고 싶어!'라고 생각하는 사람은 뚜렷한 긍정적인 동기가 있어서 성공하기 더 수월하다. 습관의 결과도 '금연 성공'이 아니라 '좋은 아빠'가 되는 것이기에 실천하는 과정도 즐길 수 있다. 모든 행동은 내면의 생각에서 시작된다. '나는 자신감이 없고 언제나 소심하지만, 자신감을 가지고 싶어.' 이렇게 생각한다면 자신감을 가지기 어렵다. 자신감 있는 사람이 되고 싶다면 '나는 이제 자신감 있는 사람이 되었어!'라고 생각하는 것이 습관 형성에 더욱 도움이 된다.

새로운 습관을 만들기 위해서는 새로운 생각 습관을 먼저 만들어야 한다. 자신감을 느끼는 것도 일종의 습관이다. 물론 처음부터 한 번에 믿기는 어렵다. 자신감 있는 자기 모습을 매일 상상하면서 자신감 있는 태도를 유지하려고 오랫동안 노력해야 한다. 믿어지지 않는다면 매일 적어라. '나는 자신감 있는 사람이다.'라고 한 문장을 쓰고 소리를 내서 읽는 것이다. 쓰고 말하기는 생각보다 엄청난 힘이 있다.

인천 초등학교에서 전문상담사로 근무하다 제주로 이사를 하게 되었다. 제주에서 4년 동안 쉬다가 다시 전문상담사로 근무하게 되었다. 학교에 들어갔을 때는 모든 업무가 낯설게 느껴졌다. 마치 오랫동안 쓰지 않았던 기계가 억지로 돌아가고 있는 느낌이 들었다. 녹슨 기계처럼 단순한 업무를 처리하는데도 버벅거렸다. 선생님들께서 사용하는 제주도 사투리는 나를 더욱 이방인으로 만드는 것만 같았다. 스스로 작게만 느껴졌다. 그때 나는 '나는 상담 전문가이다.'를 매일 아침 다이어리에 적고 소리 내서 읽었다. 이렇게 매일 실천해도 한두 달 동안은 큰 변화가 없었다. 3달째가 되자 서서히 생각이 변하기 시작했다. 물론 3개월쯤 되니 업무와 환경에 익숙해져서 그런 생각이 들었는지도 모르겠지만 3개월 동안 읽고 썼기 때문에 자신감을 회복하는 시간을 당길 수 있었다고 믿는다. 생각을 쓰고 읽으면 점점 그것에 익숙해진다. 익숙해질수록 그것을 자연스럽게 받아들일 수 있고 실천까지 할 수 있게 되는 것이다.

나는 항상 타인의 마음만 챙기다가 자신의 마음은 타들어 가는지도 모르는 사람이었다. 그렇게 스스로 힘들게 하다가 문득 행복해지고 싶다는 생각이 들었다. 하지만 행복해지는 방법을 몰라서 일단 무거운 짐부터 버리기로 했다. 필요 없는 책임감, 의무, 남 걱정부터 버렸다. 그러자 마음이 가벼워졌다. 가벼워진 마음으로 천천히 생각해 보니 자신을 사랑하는 사람이 행복해질 준비가 된 사람이라는 확신이 들었다. 그때부터 나를 사랑하기에 집중했다. '좋은 습관들을 많이 만들 거야!'라는 다짐은 없었지만 '나를 사랑하기'라는 목표에 따른 새로운 많은 습관이 생겼다.

첫 번째 습관은 글쓰기이다. 초등학교 때 꿈은 시인이었다. 고등학교 때 꿈은 라디오 작가, 카피라이터였다. 그 꿈들을 20년 동안 잊고 지내다가 나를 사랑하기 시작하니 글쓰기에 대한 의지가 생긴 것이다. 좋아했던 일이라 재미도 있었지만, 글을 쓰니 희미했던 감정들이 객관화되고 묵혀있던 감정들이 해소되는 카타르시스를 느꼈다. 글을 쓸 때 행복함을 느꼈다.

두 번째 습관은 개방적인 의사소통이다. 상대의 의견을 거절하는 것이 두려웠다. 거절한다면 무언가 불편한 일이 생길 것만 같았다. 하지만 나를 사랑하게 되니 나의 감정을 솔직하고 정중하게 말할 수 있었다. 그렇게 의사 표현을 하고 나면 마음에 남는 것이 없었고 상대가 나의 의중을 더욱 잘 파악해 서로에게 좋은 결과를 만들 수 있었다.

세 번째는 독서다. 결혼 전에는 서점에도 자주 가고 출퇴근 시간에 버스에서 책을 읽었다. 결혼하고 아이를 낳고 키우다 보니 거의 10년 동안 책을 가까이하지 않았다. 나를 사랑하기 위해서는 지식이 필요했다. 그 지식을 책에서 찾았다. 책은 나에게 가장 좋은 교과서였다. 2만 원 정도만 투자하면 저자의 전문적인 지식을 원할 때까지 마음껏 볼 수 있어서 좋았다. 감정, 생각을 다루는 자기계발서들을 주로 읽었다. 책을 읽으면서 중복되는 내용은 자연스럽게 각인되고 실천하게 됐다.

네 번째는 모든 사람을 사랑하는 습관이다. 상대방을 보는 시선이 바로 나를 보는 시선인 것을 느꼈다. 나를 사랑하게 되니 마음에 여유가 넘치고 그 여유로 상대를 사랑할 수 있었다. 모든 사람은 각자의 말 못 할 사연을 안고 열심히 살아간다. 그런 사람들을 사랑하지 않을 이유가 없었다. 사람들을 사랑할수록 내 안의 사랑이 더욱더 커지는 것을 느꼈다. 내가 보냈던 사랑이 돌고 돌아 다시 나에게 오는 것 같았다. 사랑을 줄수록 사랑받는 사람이 되어가는 것 같았다.

다섯 번째는 감사하는 마음이다. 나를 사랑하려고 해도 어느 순간 각박한 마음이 들었다. 알 수 없는 조바심이나 불안들이 느껴졌다. 그럴 때는 현재 감사한 것들을 찾았다. 여러 권의 책에서도 감사하기란 가장 높은 수준의 감정이라고 한다. 처음에는 당연한 것들에 감사함을 느끼고 적었다. 건강한 몸, 건강한 가족들, 직장, 월급, 동료 등에게 감사하는 마음을 가졌다. 점점 감사한 마음이 습관이 되자 뭐든 당연한 건 없다는 것을 알았다. 동료가 나에게 따뜻하게 말을 걸어 주는 일도 감사한 일이다. 감사한 마음이 습관이 되자 온 세상이 나에게 좋은 것만 주는 것 같은 느낌이 들었다. 감사하는 습관은 나를 평화롭고, 안정되게 만들어 주었다. 감사함을 느낄수록 더욱 감사할 일들이 많이 생겼다.

여섯 번째는 현재를 즐기기이다. 나는 아무것도 하지 않는 순간을 즐기지 못했다. 미래에 해야 할 일들을 걱정하면서 현재를 낭비했다. 글을 써야하는데 아이와 놀아줘야 한다면 놀이에 집중하지 못하고 빨리 놀아주고 빨리 글을 써야겠다고 생각했다. 현재는 빠르게 지나간다. 지금도 현재를 소비하고 있다. 현재를 가장 잘 보내는 방법은 현재에 집중하는 것이다. 지나간 날에 집착하거나 오지도 않은 미래를 두려워하는데 현재의 시간을 허비하면 안 되는 것이다. '현재를 온전하게 즐기기' 습관 또한 나를 사랑하기위해 파생된 습관일 뿐이다.

일곱 번째는 새벽 기상이다. 일찍 일어나서 온전하게 나만을 위한 시간을 갖는 것이 좋았다. 누구의 방해도 받지 않는 평화로운 시간을 나에게 선물한 것이다. '새벽에 일어나서 자기 계발을 할 거야!'라는 의지로 시작했다면 실천하기 힘들었을지도 모른다. 그저 사랑스러운 나에게 하루의 시작을 탄탄하게 할 수 있는 시간을 준 것뿐이었다.

새로운 습관을 만들 때 행동에 집중하지 말고 자기 생각에 집중해 보라. 당신은 당신만의 특별한 자아가 있다. 당신이 원하는 진정한 당신의 모습은 무엇인가? 상상해 보았는가? 그런 당신의 모습에 알맞은 습관은 무엇인가? 그것이 꼭 대중적으로 좋은 습관일 필요는 없다. 자신의 습관을 대중에게 맞추지 말라. 독특한 자신의 자아에 맞추라. 그리고 원하는 자신의 모습을 매일 상상하라. 한 문장으로 만들어서 적고, 읽으라. 그러면 그에 걸맞은 습관들이 생각나고, 자연스럽게 실천하게 될 것이다. 마침내 그 습관들은 당신의 모습이 되어 있을 것이다.

6.

습관을 바꾸려면
나를 먼저 인정하라

'변화를 향한 첫 번째 단계는 인식이고, 두 번째 단계는 수용이다.' 심리학자 나다니엘 브랜든의 명언이다. 새로운 습관을 만들려고 할 때 습관을 선택하는 것보다 더 중요한 것은 나와 상황에 대한 인식이다. 나는 거의 1년 3개월 동안 매일 무언가를 해야만 한다는 생각으로 지냈다. 실제로도 편하게 하루도 쉰 적이 없었다. 매일 최소 3시간 이상 독서, 필사, 글쓰기, 확언 쓰기, 영상 촬영 등을 하면서 시간을 보냈다. 24년 3월에 직장을 학교에서 교육청으로 옮기면서 시간적, 환경적으로 많은 변화를 겪었다. 환경이 변했어도 습관은 그대로 유지하려고 애썼다. 새벽 시간을 활용해 보기도 하고 퇴근 후에 잠깐 시간을 내 보기도 했지만, 시간을 이어서 사용할 수 없으니 제대로 무언가 해낼 수 없었다. 직장을 옮기고 3주 동안 습관을 거의 유지하지 못해서 마음 앓이가 심했다. 습관을 제대로 실천하지 않으면서 편하게 쉬지도 못했다. 차라리 직장을 옮긴 후 3주 동안 쉬는 시간을 가지는 것이 훨씬 효율적일 수 있겠다는 생각이 들었다.

교육청에서 함께 근무하고 있는 상담 선생님께서는 퇴근 후에 1~2시간 정도 공부를 한다고 말했다. 그 순간 나는 새로운 자각이 들었다. '아! 미혼인 20대 선생님께서도 퇴근 후에 1~2시간 정도 공부를 하는데 엄마인 나는 퇴근 후 시간이 없는 것이 당연했구나.'하고 생각을 전환하게 되었다. 그동안은 퇴근 후에 글을 쓰지 않는 나의 모습을 탐탁지 않게 여기고 있었다. 퇴근 후에 여러 가지 집안일을 하고 아이를 돌보기도 바빴다. 그것도 옷 갈아입을 시간도 없이 바쁘게 움직여야 겨우 아이를 제시간에 재울 수 있었다. 업무 적응과 집안일에 지쳐 아이를 재울 때 잠이라도 들면 나를 게으른 사람이라고 자책했다. 그것은 나의 상황을 객관적으로 인지하지 못하고 욕심으로만 계획을 세웠기 때문에 일어난 결과였다. 출근해서 아이가 잠들 때까지 글을 쓸 수 있는 시간이 없다는 것을 인지하는 것이 먼저였다. 상황을 분석하지도 않고 막연하게 글을 쓰지 못하는 자신을 자책하고 있었다.

이런 상황을 수용하고 나는 일찍 일어나 글을 쓰는 것으로 계획을 바꿨다. 일어나서 15분 정도가 지나면 이제 막 초등학교에 들어간 아들이 깼다. 아들이 깨는 순간에도 나는 현실을 인정하지 않고 글을 쓰고 싶다는 생각만 가득했다. 선잠을 자는 아들 옆에서 두 눈을 말똥말똥 뜨고 천장을 바라보면서 '나는 뭐 하고 있나.'라는 생각이 들었다. 그런데도 나는 매일 일찍 일어났고, 아들도 매번 깼다. 일찍 일어나는 것에 성과가 없어서 방법을 바꿨다. 자기 전에 침대 밑에 노트 두 권과 펜을 놓고 잤다. 다음 날 아침에 일어나 아들 옆에서 엎드려서 글을 썼다. 방법을 바꾸니 30분 정도 글을 쓸 시간이 생겼다.

독서 습관은 음성지원으로 대체 했다. 전자책을 구매해서 출퇴근 시간에 음성으로 들었다. 눈으로 읽을 때보다 시간이 훨씬 많이 걸리지만 만족하고 있다. 평소에는 목차 한 개 필사, 명언 여러 개, 확언, 감사 일기, 생각 등을 손으로 적었지만, 지금은 욕심을 버리고 현실에 맞게 '감사 일기, 확언 쓰기, 짧은 글쓰기' 습관으로 변경했다. 이처럼 환경에 맞추어 습관의 가짓수를 줄이거나 시간을 적게 할애하는 방향으로 습관을 운영하는 융통성이 중요하다. 현실을 유연하게 수용해서 계획도 알맞게 바꿔 주어야 한다. 실천할 수 있는 의지가 있어도 실천할 수 있는 상황이 뒷받침되지 않는다면 습관을 유지하기 어렵다.

새로운 습관을 만들기 위해서는 자신의 체력을 인정하는 일도 중요하다. 새벽 기상 습관도 마찬가지다. 일어나는 시간에 집중하는 대신 자신은 몇 시간을 자야 피로가 풀리는지를 먼저 알아야 한다. 8시간 이상을 자야 피로가 풀리는 사람이 5시에 일어나고 싶다면 9시에 잠자리에 들어야 한다. 잠자는 시간을 전혀 고려하지 않은 채 12시에 자면서 매일 5시에 일어나는 습관을 계획하면 실천하기 어렵다. 몇 번은 5시에 일어날 수 있지만, 그것을 일주일 이상 유지하기 어려울 것이다.

자기 몸 상태에 맞는 습관을 계획해야 한다. 운동을 전혀 하지 않았던 사람이 일주일에 3번 1시간 이상 운동하는 습관을 계획했다면 자신을 과대평가한 것이다. 운동을 전혀 하지 않았던 사람이 한 시간을 운동한다는 것은 쉬운 일이 아니다. 오히려 매일 근력운동 50회나 빠르게 걷기 5분 정도가 더욱 현실성이 있다.

근력운동 50회는 1분 내외가 걸린다. 하루에 근력운동 1분, 빠르게 걷기 5분이 무슨 효과가 있을까 싶지만, 우리가 원하는 것은 운동으로 금메달을 따는 것이 아니다. 운동하는 습관을 만드는 것이다. 매일 운동하는 것이 습관이 되면 그때 시간을 늘려가면 된다. 그래서 최상의 습관을 계획하는 것이 아니라 자신의 수준에 맞는 습관을 계획하는 것이 중요하다. 자신의 운동 수준이 초급이면 기초부터 시작한다. 자신의 운동 수준이 중급이면 중급단계부터 시작하면 된다. 트레이너가 하루에 근력운동 1분을 계획했다면 어울리지 않는 것처럼 운동을 전혀 하지 않았던 사람이 일주일에 3번 근력운동 1시간, 유산소 운동 1시간을 계획하는 것도 어울리지 않는다는 것이다. 자신의 체력과 운동 습관 수준을 잘 고려하여 습관을 계획해야 한다.

습관을 바꾸려면 자신의 감정을 객관적으로 인정하는 것도 중요하다. 감정도 자신의 습관에 영향을 미친다. 자신의 모든 생각과 행동은 감정으로부터 나오기 때문이다. 자신의 감정에 따라 습관도 탄력적으로 운영해야 한다. 물론 피곤해도, 아파도, 슬퍼도, 화나도 계획한 습관은 유지해야 하는 것이 맞다. 바이올린 리스트가 오늘은 너무 슬퍼서 연주 연습을 할 수가 없다고 한다면 이해하기 어렵다. 하지만 감정, 몸 상태에 따라 쉬운 곡으로 연습을 한다거나 연습하는 장소를 옮기는 융통성을 발휘할 수 있다. 자신의 체력, 상황, 감정을 외면한 채 습관만을 바라보면 쉽게 지칠 수 있다. 중간마다 자신의 환경에 맞게 조절해야 습관을 오랫동안 유지할 수 있다. 습관을 오랫동안 유지하기는 결코 쉬운 일이 아니다. 직장생활, 결혼 생활, 습관도 모든 일에는 위기가 온다. 위기가 오지 않는 것이 더 이상한 일이다. 습관이 깨어질 때는 분명 이유가 있을 것이다. 자책 말고 습관을 융통성 있게 자신의 상황에 맞게 반영하자. 우리는 대단한 성과를 이루어 내야 하는 부담이 없다. 자신이 목표한 습관을 가늘고 길게 유지하면 되는 것이다. 그렇게 작게 매일 실천하다 보면 경험과 능력이 꾸준하게 쌓여 탄탄한 실력과 결과로 돌아올 것이다. 지루하고도 험한 길을 함께 소소하게 가 보자. 그렇게 마음먹은 당신을 응원한다. 당신은 잘 해낼 수 있다. 나도 잘 할 수 있다. 우리는 충분히 해낼 수 있는 존재들이다.

오늘부터
새벽 기상을
실천하라

HABIT 2

모든 습관은 우선 시간을 확보한 후에 실천할 수 있다.

그중에서도 남에게 이리저리 휘둘리지 않는

나 스스로를 돌아볼 수 있는 최고의 시간은 새벽 시간이다.

이런 새벽 시간을 흘려보내지 말고 꼭 내 것으로 만들자.

1.

습관을 고치라는
신호를 발견하라

나는 어릴 때부터 책의 세계에 빠져 살던 아이였다. 독서할 거라면 교과서를 읽으며 공부하면 좋았으련만 주로 철학과 문학책을 탐닉했다. 선생님이나 또래 친구들과 얘기를 나누지 않고 하루 종일 책만 보면서, 자연스럽게 사회성이 떨어지는 아이로 여겨지고 간혹 문제아로 낙인찍히기도 했다.

이렇듯 독서를 좋아했지만 또래나 선생님들과의 관계는 원만하지 못한 초, 중학교 시절을 보냈다. 고2 때 시골로 이사하면서 근처의 기숙학교를 다녔기 때문에 친구들과 더 많은 시간을 보낼 수 있었다. 드라마를 보면서 적당히 야간 자율학습 시간을 보내다가 기숙사에 가서 친구들과 게임을 하면서 밤을 새우고 수업 시간에는 엎드려 자는 일상을 보냈다. 그러다 보니 인생에 대한 진지한 고민이나 걱정은 덮어둔 채 고등학교 3년을 마냥 행복하게 보냈다.

시간은 흘러 수능 날이 됐고 부모님의 응원을 받으며 고사장으로 갔다. 별생각 없이 문제를 풀다가 마지막 과목까지 마킹하고 안내를 기다리니 시험이 끝났다는 감독관의 말이 들렸다. 주변 친구들은 볼펜, 필통, 참고서를 던지고 놀자며 시끌벅적한 분위기를 만들었다. 그러나 친구들의 얼굴에 드리운 미소와는 반대로 내 마음은 차분하게 가라앉았다.

'나 이렇게 대충 살고 어른이 되어도 될까?' '노력을 투자해서 결실을 얻은 경험 없이 성인이 되어도 될까?'라는 생각이 나를 괴롭혔다. 사실 학창 시절에도 느꼈지만 애써 무시했던 내면의 소리였을 수도 있다. 집에 돌아와서 가만히 누워 1주일 정도 고민하다가 결국 재수 하기로 결심했다. 스스로 할 수 있는 최대의 노력을 한 경험이 있어야 비로소 '성인'이라고 불릴 수 있지 않을까 하는 생각 때문이었다.

부모님께서는 재수학원을 알아봐 주시며 등록하라고 하셨지만 등록금을 부담 없이 내줄 수 있는 집안 사정이 아니라는 것쯤은 알고 있었다. 경제적 상황과 더불어 다른 개인적인 이유를 고려하여 독학 재수를 하기로 마음먹었다. 고시원에서 혼자 공부하다 보니 동기부여도 받기 힘들었고 체계적으로 짜인 시간표도 없었다. 규칙적인 시간표가 없으니 공부를 무리하게 하다가 피곤하면 자고 다시 일어나서 공부하는 일상을 반복했다.

어느 날은 공부할 때 집중이 너무 잘되어 밤을 새워서 공부한 적도 있었다. 집중력을 놓치기 아쉽다는 좋은 마음이었지만 그 결과는 다음날의 늦잠으로 이어졌다. 늦게 일어나니 괜히 공부를 망친 것 같고, 차라리 하루를 푹 쉬면서 다음날의 공부에 집중하자는 유혹에 마음이 심란했다. 자연스럽게 집중이 안 되면서 자책의 감정으로 가득 찬 하루가 되곤 했다.

'이대로는 안 되겠다.' 늦잠에 따른 집중력 상실과 자책을 반복하는 날을 겪으며 든 생각이었다. 결국 순간의 마음, 감정, 컨디션에 좌우되지 않는 루틴을 만들어서 매일 실천해야겠다는 결론에 이르렀다. 그때 만들고 실천했던 루틴이 바로 새벽 기상이었다. 매일 6시에 일어나서 12시에 자는 루틴. 아무리 피곤해도 6시에 일어나고, 집중력이 아무리 좋아도 12시에는 잠자리에 드는 삶. 새벽 기상을 하면서 1년간의 재수 생활은 안정화되어 스스로를 통제할 수 있다는 자신감이 생겼고 원하는 대학에 진학할 수 있었다.

6년 동안 대학에 다니면서 전공 공부보다 동아리 활동을 더욱 열심히 했고 자연스럽게 술자리가 많았다. 술을 먹고 피로가 풀릴 때까지 자거나 다음 날 1교시가 있거나 과제가 있으면 좀 더 일찍 일어났다. '대학 시절을 알차게 보내야지.'라거나 공부하겠다는 생각은 없었고 그냥 별 탈 없이 졸업만 하자는 생각이었다. 본과 4학년, 졸업을 앞둔 학년에서야 졸업 후 군 대체복무를 하러 갈지 전문의 과정을 밟을지 고민했다. 의사에 비해 한의사들은 전문의 비율이 낮아 대부분의 친구는 바로 군 대체복무를 하러 갔다.

자연스럽게 친구들을 따라 군 대체복무를 지원하려 했을 때 불현듯 욕심이 생겼다. 전문의 과정을 시행하는 한방병원 중 지원율이 높은 곳이 있었는데, 일단 그곳에 지원하고 떨어지면 그때 대체복무를 하면 되겠다는 생각이 들었다. 공부를 잘하거나 학생 시절부터 연구를 많이 한 인재들이 지원하는 곳이어서 합격에 대한 기대 없이 서류를 넣었다. 면접 당일 어색한 정장을 입고 서울로 가는 버스에 몸을 실었다. 고속버스터미널에서 만난 서울은 사람들이 바빠 보였고 날씨도 추웠다. 이른 시간이지만 북적북적한 지하철을 타고 면접하는 곳까지 가서 지원자 대기실로 안내받았다.

빈손으로 간 나와는 다르게 대본을 외우는 사람, 뭔지 모를 종이를 보면서 중얼거리는 사람, 열심히 준비하는 사람들로 가득했다. 잠깐 기다리다가 내가 속한 조의 순서가 되어 면접을 시작했다. 면접관의 질문에 답하고 다른 지원자들의 이야기를 듣다가 면접이 끝났다. 워낙 빠르게 끝난 면접이라 결과에 대한 확신 없이 재밌는 경험 했다는 심정으로 집으로 내려왔다.

몇 주 뒤 합격발표가 났고 명단 안에 내 이름이 있었다. 전혀 기대하지 않았기 때문에 어안이 벙벙했다. 입사까지 시간이 얼마 남지 않았기 때문에 부모님과 짧은 여행 후 서울 생활에 필요한 짐을 싸서 상경했다. 처음 해 본 직장생활은 모든 것이 어색하고 어려웠다. 내가 지금 있는 곳이 뭐하는 곳인지, 나의 역할은 무엇이고 어디까지가 나의 업무인지를 파악하는 데도 긴 시간이 필요했다. 특히 인턴 때는 원하는 만큼의 잠을 잘 수 없고 자는 중간중간 깨야 하므로 하루의 루틴에 대해 주도권을 갖는 것이 불가능했다.

레지던트가 되고 연차가 올라가면서 일정한 스케줄대로 출근과 퇴근이

가능해졌다. 이제는 내가 원하던 대로 삶의 주도권을 가지고 살 수 있을까? 라는 기대를 했지만 아직 넘어야 할 장애물이 많았다. 그중 가장 큰 장애물은 회식이었다. 직장인들의 숙명과도 같은 회식은 한 번만 있어도 그다음 날까지 여파를 미쳤다. 다음 날까지 피곤하고 몽롱한 상태를 유지하면서 그다음 날에는 다시 수면 패턴을 되돌리고 회복을 하는 일상의 반복이었다.

결국 레지던트 기간도 빠르게 지나간 후 전문의 시험에 합격하여 한방재활의학과 전문의가 됐다. 이제는 군 대체복무를 미룰 수 없어 친구들과 함께 공중보건의에 지원했다. 공중보건의는 군 복무 대신 의료 소외지역의 보건소나 보건지소로 가서 진료를 보는 대체복무의 형태로 줄여서 공보의라고도 부른다. 배정되는 지역은 무작위이고 나는 강원특별자치도 화천군에 배치됐다.

공보의로 배치된 첫 몇 주간, 마음 안에서 걷잡을 수 없는 부정적 감정이 소용돌이쳤다. 무의촌에 배치되기 때문에 배달 가능한 식당이 아예 없는 수준의 시골에서 배치됐다는 분노가 있었다. 그리고 훈련소 기간을 포함해서 현역보다 훨씬 긴 37개월 동안 복무를 하기 때문에 시간 낭비를 한다는 억울함도 있었다. 그리고 아는 사람이나 연고가 없는 강원도라는 지역에 있다는 사실에서 오는 외로움까지…. 산이 높으면 골이 깊다고 했던가. 부정적인 상황에서도 늘 대안을 찾는 긍정적인 길을 모색하며 살아왔던 터라

상대적인 충격은 더 컸다.

부정적인 감정이 생기니 분노를 해소할 곳이 필요했고, 분노의 칼날이 향하는 곳은 스스로였다. 게다가 일을 열심히 해도 보상이 없는 업무를 하다 보니 매일 게을러지고 있었다. 주변에 나를 잡아줄 수 있는 친구와 가족이 없는 상태에서 우울하고 게을러지다 보니 자기연민이라는 악순환의 고리에 빠지기도 했다. 출근 시간 직전에 일어나서 부랴부랴 출근하고 멍한 상태로 일을 하다가 퇴근 시간이 지나면 집으로 돌아오곤 했다.

잠이라도 푹 자면 좋을 텐데 아침에 늦게 일어나기도 했고 침대에 누우면 시작되는 자기연민과 우울함으로 인해 잠에 들기 힘들었다. 결과적으로 다음날도 또 늦게 일어나서 출근하는 일상이 반복됐다. '나는 어디로 흘러가는 걸까?' 많은 현대인처럼, 키가 고장 난 배처럼 내 삶의 방향성이 흔들리고 있었다.

2.

이대로는
안 될 것 같다면 시작하라

어린 시절부터 나이에 맞춰서 해야 할 일이 있었다. 학창 시절에는 공부해야 하고, 대학에 진학해서는 졸업해야 하고, 졸업 후에는 취업해야 하고…. 그런데 공중보건의가 되니 아무도 과제나 목표를 정해주지 않았다. 과제가 없으면 마냥 편할 줄 알았으나 실상은 불안감의 연속이었다. 생산적인 활동이 없으니 스스로가 쓸모없다는 생각이 들며 자존감도 떨어졌다. 주변에 친구나 아는 사람이 없다 보니 마음속은 공허해지고 외로웠다. 텅 빈 마음을 채우기 위해 퇴근하고 숙소에 돌아오면 단기적인 만족감을 주는 인터넷과 방송을 찾아 새벽까지 돌아다녔다.

새벽 내내 영상을 보다가 깜빡 잠에 들었다가 출근 시간 알람을 듣고 일어나는 일상이 반복됐다. 출근 시간에 쫓겨 일어난다는 것도 주체성을 떨어뜨리는 데 일조했다. 이렇듯 부정적인 감정으로 스스로를 갉아 먹고 있었다. 겉에서 보기에는 티 나지 않지만 내면은 외로움, 분노, 억울함으로 가득 차 있었다. 그러다 보니 몸과 마음은 점점 피폐해졌다.

어느 날 어머니에게서 전화가 왔다. '웬일로 전화가 왔지?'라는 생각과 걱정을 하면서 전화를 받았다. 다행히 무슨 일이 생긴 건 아니고 혼자 강원도에서 지내는 아들이 궁금해서 전화했다고 하셨다. "별일 없제? 잘살고 있나?"라고 물어보시는 어머께 솔직한 일상에 관해 이야기하기는 부끄러웠다. 그냥 직장과 진료에 관해서 간단하게 얘기하고 현재의 감정과 생활에 대한 얘기는 얼버무렸다. 어머니께서는 주변에 아는 사람 없이, 혼자 시골에 사는 지금이 10년 전 고시원에서 독학 재수를 하던 모습이 연상된다고 이야기하셨다. 전화하던 도중에는 별생각 없이 들었고 이런저런 대화를 나누다가 곧 찾아뵙겠다고 이야기하고 통화를 종료했다.

통화를 종료하고 나서 갑자기 재수를 시작하기 전의 절실한 심정이 기억났다. 10년 전 독학 재수를 하기로 마음먹고 군대에 있는 친형에게 편지를 썼다. 그 편지 안에 있던 '사회의 부속품으로 태어나서 불량품으로 죽기는 싫다.'라는 문장이 무기력하게 살고 있던 나의 가슴에 날아와 박혔다. 이대로는 안 되겠다는 생각이 들면서 치열하게 살았던 그때의 나를 불러오고 싶어서 새벽 기상을 결심했다.

당장 다음날부터 새벽에 일어나기로 다짐하며 6시 정각 알람을 맞췄다. 사실 재수하는 1년간 6시에 일어났던 경험이 있기 때문에 처음에는 쉽게 생각했다. 그러나 며칠 동안 6시에 일어나보니 고시원에서 공부만 하던 20살은 몰랐던, 30살 직장인의 새벽 기상에는 애로사항이 있다는 것을 알게 됐다.

퇴근하고 나서 OTT나 유튜브를 보던 버릇은 새벽 기상을 마음먹어도 그대로였다. 똑같은 영상을 보더라도 왜 밤에 보는 것은 더 재밌는지…. 짧지만 흥미진진한 영상을 보다 보면 저녁에서 새벽까지 시간은 쏜살같이 지나갔다. 퇴근하고 나서 영상을 보던 유혹을 겨우 끊어 내서 핸드폰을 덮고 침대에 누워도 늦게 자던 버릇이 남아 있다 보니 천장만 멀뚱멀뚱 쳐다보는 일상이 반복됐다.

'왜 잠이 안 오지?'라는 생각만 계속하다가 결과적으로 원래 자던 시간과 비슷하게 잠들었다. 독학 재수를 할 때는 친구들과 연락을 전부 끊고 고시원에 들어갔는데, 지금은 재수라는 대의명분이 없고 인간관계도 유지해야 하니 연락을 끊을 수 없었다. 게다가 대부분의 연락은 퇴근한 후 저녁이나 밤에 친구들과 많이 하지 않는가? 주변에 아는 사람이 없는 강원도 시골에서 일찍 자야 한다는 이유로 연락을 끊으면 더 외로워질까 두려웠다.

퇴근 후 생산적인 활동이 없기 때문에 나태해지나 싶어 헬스도 시작했다. 움직이지 않아 녹슨 몸을 이끌고 헬스장을 가는 것도 힘들었고 잘 모르는 기구들이 많아서 처음에는 어색했다. 그러나 마음이 우울할 땐 몸을 움직이라 했던가. 오랜만에 운동을 하니 잡념이 사라지고 건강해진다는 생각에 기분이 좋았다. 한 가지 아쉬운 점은 일과 시간에 운동하지 못해 퇴근 후 헬스를 진행한 것이다. 그러다 보니 헬스를 끝낸 후 2시간 정도 뒤에 잠을 자야 했고 운동하느라 항진된 몸은 잠들기 힘들었다. 자기 전 따뜻한 물로 샤워도 하고 명상도 해 봤지만 역부족이었다.

새벽에 일어나겠다는 마음이 약해지는 근원적인 이유는 따로 있었다. 새벽 기상을 시행하는 초반 며칠은 기꺼이 새벽에 일어날 수 있었다. 그러나 '작심삼일'이라는 말이 있듯이 며칠 뒤에는 새벽에 눈이 떠져도 곧이어 악마의 유혹이 들렸다. '새벽에 일찍 일어나서 뭐 하게?' 계획은 없으면서 일단 일찍 일어나는, 즉 새벽 기상 자체가 목표가 되는 순간 아이러니하게도 새벽 기상을 계속하기 힘듦을 깨달았다. 이런 다양한 시행착오와 함께 어떻게 해결할까를 고민하고 실천하면서 도움이 됐던 방법들이 있었다.

일단 밤에 하고 싶은 게임이나 보고 싶은 영상이 있을 경우 스스로 약속했다. '지금 하고 싶은 게임이나 영상을 기억했다가 내일 새벽에 일어나서 바로 하겠다.' 밤에 하는 게임이나 영상이 당장은 재밌어 보이고 끌리겠지만 다음 날 새벽에도 할 수 있다는 사실을 늘 떠올렸다. 대신 늦게 일어나면 벌칙처럼 게임이나 영상을 하지 않기로 약속했다.

밤늦게까지 핸드폰이나 컴퓨터 화면은 보지 않기로 다짐했다. 우리 몸은 태양에서 오는 빛을 보면서 24시간과 몸 시간을 연동한다. 이것을 생체 리듬(circadian rhythm)이라고 하는데, 낮에는 각성해서 집중할 수 있게 하고 밤에는 편안한 상태를 만들어 잠에 들 수 있게 한다. 태양 빛과 달리 핸드폰이나 컴퓨터에서 나오는 인공 빛은 자연스러운 생체 리듬을 무너뜨린다. 그렇기 때문에 잠에 드는 시간에서 2시간 전부터 블루라이트 차단 설정(아이폰의 경우 night shift)을 했고 1시간 전에는 되도록 화면을 보지 않도록 노력했다.

생체 리듬을 정상화하기 위해 낮에 햇볕을 쬐는 것도 도움이 된다. 낮에 15~20분 정도만 햇볕을 쫴도 우리 몸은 지금이 낮임을 인식하고 생체 리듬을 정상화한다. 나는 점심시간에 밥 먹은 후 가볍게 산책한다. 그러면 식사 후 혈당 상승도 예방할 수 있고 생체 리듬도 돌아오고 비타민 D 합성에도 도움이 되어 저녁에 쉽게 잠들 수 있다.

학생이나 직장인의 경우 공부나 업무에 집중하거나 혹은 동료들과 함께라는 이유로 커피를 마실 가능성이 높다. 게다가 기호 음료인 탄산음료에서도 카페인을 섭취할 수 있다. 헬스를 좋아하는 분은 운동 기능을 향상하기 위해 '부스터'라는 운동 보충제를 먹기도 한다. 카페인의 경우 피곤하고 졸릴 때 마시면 정신이 번쩍 들지만 추후 잠에 드는 것을 방해할 수 있다. 카페인의 반감기는 사람마다 다르지만 보통 5~8시간으로 알려져 있고, 카페인에 예민한 사람이라면 반감기를 지나서도 잠에 들기 힘들다. 일찍 잠에 들기 힘들다면 카페인을 일찍 섭취하거나 디카페인 음료로 대체해 보자.

친구들과의 연락을 끊기 힘든 것에 대해서는 미리 얘기하고 양해를 구했다. 그리고 주변에 알리니 새벽 기상을 하는 것에 대해 긍정적으로 반응하며 동참하고 싶다고 얘기하는 친구도 생겼다. 게다가 요즘은 온라인에 다양한 모임이 있는 시대이다 보니 미라클 모닝에 관한 모임도 많다. 밤에 자는 시간 동안은 '수면 집중 모드'를 켜서 예상치 못한 알람을 모두 차단했다. 특정 사람이나 앱은 예외로 설정할 수 있으니 '필요한 연락을 못 받지 않을까?' 하는 걱정은 접어두자.

저녁에 퇴근하고 헬스하니 잠드는 것이 힘들고 잠에 들더라도 다음 날까지 영향이 있음을 알게 됐다. 몸이 뻐근하고 근육통이 있어 회복이 필요하다는 생각과 함께 더 자려는 것이 원인이었다. 그래서 퇴근한 후 하던 헬스는 출근 전 시행하는 루틴으로 바꿨다. 출근 전 헬스를 하면 오후만 되어도 몸이 회복되는 느낌이라 수면에 애로사항이 없었다.

잠을 깊이 잘 수 있는 마음가짐과 주변 환경 세팅을 해도 새벽에 일어나서 눈을 뜨는 쉽지 않았다. 몸이 피곤하고 밖은 춥고 어둡기 때문에 '어차피 할 일 없잖아? 좀 더 자.'라는 내면의 목소리에 굴복하곤 했다. 결국 새벽에 일어나기 위한 동기부여를 위해 일부러 모닝 루틴을 만들었다. 일어난 직후 유혹에 시달리지 않고 뇌를 활성화하기 위해 명상의 시간을 가졌다. 명상하고 난 후 하루를 활기차고 파이팅 있게 시작하고 싶어 클래스101에 있는 동기부여, 성공 마인드 영상을 하나씩 시청하고 마음에 새겼다.

새벽 기상 후 명상을 하고 동기 부여 영상을 보면 지식을 흡수할 수 있는 맑은 상태의 뇌가 된다. 이때 각자의 전문성을 살리기 위해 전공 지식을 쌓거나 직무에 관한 강의를 들으면 효과적이다. 나의 경우에는 전공인 한의

학이나 개인적인 관심사인 심리학, 중국어 등을 공부했다. 그리고 헬스하러 가기 전 몸풀기와 스트레칭 용도로 짧게 요가하는 루틴도 실천했다.

'이대로는 안 될 것 같다.', '변화하고 싶다.'라는 마음에 무작정 새벽 기상을 시도했다. 단순히 새벽에 일어나는 것만을 목표로 하면 어려운 일이 아니다. 그렇지만 새벽 시간을 얼마나 알차게 사용할 수 있는가와 지속 가능한지는 다른 차원의 문제다. 나 또한 다양한 시행착오를 겪으며 주변 사람들에게 물어보기도 하고, 책을 보고 공부를 하며 나름의 답을 찾아가는 중이다. 이 책을 보는 독자들은 나의 경험을 통해 불필요한 시행착오 없이 새벽 기상에 성공하고 각자 원하는 바를 이루기 바란다.

3.

꿈꾸며 잠만 자지 말고
꿈을 키워라

새벽 기상을 시작하고 초반에는 다양한 시행착오를 겪었다. 저녁에 운동하거나, 약속이 있거나, 스포츠 경기를 본 다음 날에는 피곤한 상태로 늦게 일어나기도 했다. 친구나 부모님과 통화를 하다가 생각지도 못하게 늦게 자기도 했고 여행을 다녀온 후에는 여독을 푸느라 새벽 기상을 못 했던 적도 있다. 그러다가 건강과 수면과의 관계를 고민하고 직접 적용하면서 새벽 기상의 방법들을 찾았다. 앞서 얘기한 방법들을 하나하나 실천해 가며 나에게 적합하게 바꾸는 시간을 꾸준히 가졌다.

무언가를 아는 것과 실천하는 것이 다르듯이 어떤 행동을 실천하는 것과 그것이 습관으로 자리 잡는 것 또한 다른 차원의 문제이다. 나에게 완벽하게 맞는 방법으로 실천하더라도 내 몸에 체화되는 데는 긴 시간이 필요한 법이다. 김주난의 『66일의 습관 혁명』이라는 책에는 영국 런던대학교 심리학과 제인 워들 교수 연구팀이 습관에 대해 실험한 연구가 인용되어 있다. 해당 연구팀은 사람들이 의지력 소모 없이 자동적인 행동을 하는 경지에 이르는데 며칠이 걸리는지를 조사했다. 결론은 책 이름에서 유추할 수 있듯 평균적으로 66일이 지나면 습관이 된다고 한다.

나의 새벽 기상 습관도 2달 정도의 시간이 지나자 몸에 체화가 됐는지 일찍 일어나는 것이 그다지 힘들지 않았다. '무조건 일찍 일어나야지!'라는 의지력으로 정신 무장을 하지 않아도 기상 알람이 울릴 때 눈이 떠지고 침대에서 가볍게 일어날 수 있었다. 어느 날은 알람이 울리기도 전에 눈이 떠져서 시계를 보면 6시 이전의 새벽 시간이었다. 단순히 새벽 기상이 쉬워진 것만 아니라 몸과 마음이 피곤하지 않았다. 그리고 새벽 기상을 실천하는 초반에는 '새벽에 일어나면 업무 시간에 피곤하지 않을까?'라는 걱정이 있었다. 그러나 습관으로 자리 잡고 나니 오히려 업무 시간에 집중력이 높아지고 활기찼다.

게다가 새벽 시간은 고요한 시간이다. 낮과 저녁 시간에는 세상에 다양한 일이 일어나고 밤까지 사람들이 깨어있어서 내가 알고 싶지 않은 사건들까지 듣게 된다. 친구들이나 직장 동료, 선후배들의 연락도 시간을 막론하고 우리의 눈을 전자기기에서 뗄 수 없게 만든다. 반면에 새벽은 많은 사람이 자는 시간으로 새로운 뉴스 속보나 개인적인 연락이 없다. 그리고 새벽은 해가 뜨기 전 만물이 침장한 시간대이므로 새벽의 기운에 동조하여 감정도 차분히 가라앉는다. 마음이 차분해지고 외부의 소음도 없으니 스스로와 많은 대화를 나눌 수 있다.

고요한 새벽 시간에 일어나서 이불 정리를 하고 물 한 컵 마신 후 스스로와 대화하는 성찰의 시간을 가졌다. 조용한 방 안에서 홀로 생각에 잠기니 학생 시절에 잠깐 다녔던 명상 단체에서의 경험이 떠올랐다. 불현듯 성찰의 방법으로 명상해야겠다는 생각이 들었다. 예전에 다녔던 명상 단체도 있지만 새로운 지식을 배우고 싶어 인터넷으로 강의를 듣고 책을 보며 다양한 종류의 명상법을 찾고 시행했다.

흔히 접하기 쉬운 명상법 중 하나는 마음을 비우는 것이다. 다른 말로 빼기 명상이라고 한다. 현대인들은 과거에 비해 빠르게 변하는 사회에 적응하기 위해 많은 공부를 하고 넓은 인간관계를 경험하며 다양한 감정을 느끼도록 강요받는다. 이에 따라 불안이나 우울 등의 정신질환이 점점 늘어나는 추세이다. 이런 부정적인 상태에서 벗어나기 위해 마음속에서 일어나는 생각들을 비우는 명상법이다.

마음을 방에 비유한다면 미니멀 라이프와 비슷하다. 미니멀 라이프가 방 안에서 꼭 필요한 물건을 제외하고 비우는 것이라면 빼기 명상 또한 마음의 방에 불필요한 물건들은 없애는 방식이다. 그렇지만 '마음 비우기'라는 생각에 집착해서 어떤 생각이나 감정이 떠오를 때 지우려고 애쓰지 말자.

생각이나 감정이 생기고 흘러가고 변화한 후 종국에는 사라지는 과정을 판단하지 않고 지켜보자. 궁극적으로는 '마음을 비워야 한다.'라는 마음마저도 비울 수 있도록.

어떤 때는 명상으로 인생 전체를 돌아보는 시간을 가진다. 심리학에서 중요시하는 인생 첫 기억에서부터 명상하는 지금 이 순간까지 쭉 돌아보는 시간을 가진다. 처음 인생을 관조할 때는 굉장히 긴 시간이 걸린다. 며칠에서 몇 주간의 시간이 걸릴 수도 있다. 그러나 이런 시도를 꾸준히 한다면 점점 속도가 빨라지는 것을 알 수 있다. 인생을 돌이켜보면서 기쁨이나 성취를 느꼈던 경험을 재현함으로써 다시 노력하기 위한 동기부여를 받을 수 있다.

주변 상황을 제대로 인지하지 못한 어린 시절에 상처받았던 작은 아이를 품어주고 위로할 수도 있다. 그저 무섭게 느껴지던 아버지나 나를 함부로 대한 주위 사람들도 뒤늦게나마 이해할 수 있다. 직업과 진로와 같은 커다란 결정에서부터 점심 메뉴를 정하는 작은 결정에 이르기까지, 일상생활에서 내리는 판단의 근거를 과거를 여행하며 찾을 수도 있다. 이런 여정을 통해 나 자신과 내 인생을 거쳐 간 사람들까지 이해하고 용서할 수 있을 것이다.

어떤 때는 주제를 정해서 스스로와 대화를 나눈다. 특정 사안에 대해서 다른 사람들과 토론을 해본 경험은 모두가 있을 것이다. 그런 토론을 마음속에서 한다고 생각하면 된다. 주로 미래를 결정할 때 자주 쓰는 방법이다. '해야 하나 말아야 하나…?'라는 생각이 들 때, 그 일을 했을 때의 장점을 말하는 '나'와 그에 반박하는 '나'를 대화시키고 제삼자인 '나'가 정리하게끔 한다. 인간관계로 마음이 싱숭생숭할 때도 자주 쓰는 명상이다. '그 사람이 나한테 왜 그랬을까?'를 여러 명의 내가 다양한 관점으로 이야기하면 어느새 마음이 정리된다.

특정 프로젝트나 기한이 있는 업무로 바쁜 시기를 보내고 있다면 새벽에 명상하면서 해야 할 일을 되새기기도 한다. 스스로의 비서가 되어 오늘 할 일, 이번 주에 할 일, 이번 달에 할 일을 정리하고 브리핑하는 시간으로 삼는다. 현대인들은 무언가에 집중하려고 해도 내가 모르는 업무를 맡게 된다거나 팀원과 불화가 생기는 등의 변수로 인해 집중이 흐트러질 수 있다.

어찌저찌 처리한 후 '이제 다시 집중해 볼까' 하면 핸드폰이 울리고, 갑작스러운 회의가 잡히고, 거래처에서 이메일로 답장을 독촉할 수도 있다. 이렇게 스스로의 중심을 잡지 못하는 정신없는 일상은 거친 풍랑을 맞아 망망대해를 헤매는 배와 비슷하다. 이럴 때 새벽 명상을 통해 내가 가야 할 길을 상기하는 것은 매일 북극성을 보며 항로를 정하는 것과 같다.

자아 성찰을 위한 명상을 할 때 꼭 앉을 필요는 없다. 요가하면서도 마음을 차분히 하고 스스로를 돌아볼 수 있다. 몸을 천천히 움직이고 근육이 당기는 것을 느끼면서 호흡을 가다듬는다. 통제할 수 없는 심장 박동이나 감정 상태를, 호흡을 통해 우회적으로 조절한다. 마음을 다스리기 위한 새벽 요가지만 근력운동을 곧이어 하기 때문에 운동 전 스트레칭의 의미도 있다.

직장인이라면 출퇴근과 야근에 시달리고 학생이라면 시험, 과제, 취업 준비에 쫓기며 산다. 세상이라는 물을 내 안에 계속 붓다 보면 스스로는 결국 희석되기 마련이다. 본연의 나를 되찾고 싶으면 외부의 소음이 적은 새벽에 일어나자. 새벽에 일어나 고요함을 느끼고 성찰의 시간으로 삼으면 오래전 잊힌 스스로와 재회할 수 있을 것이다.

4.

새벽 기상을 원한다면
저녁 루틴 먼저 만들어라

공중보건의로 일하면서 무의촌으로 발령 났고 지역 특성상 주변에 사람이 없는 시골에서 일상은 계속됐다. 특히 본가에서 먼 지역이라 외롭다는 부정적인 감정은 마음속 깊은 곳에 계속 남아 있었다. 다행히 새벽 기상에 성공하여 자기 통제력이 생기면서 마음속 긍정의 영역이 점점 넓어졌다. 발령 초기에는 단순한 이야기와 진지한 조언에도 '왜 나를 귀찮게 하지?'라며 화가 났다. 그러나 새벽 기상을 꾸준히 하면서 감정 기복이 적어지고 마음의 그릇이 넓어졌다는 생각이 들었다.

새벽 기상을 하기 전에는 공부 등의 자기 계발을 꾸준히 해야 한다고 생각하면서 실천하지는 못하고, 그런 스스로를 보며 자책하는 악순환의 고리에 빠져 있었다. 그러나 새벽 기상에 성공한 후에는 출근 전 시간을 온전히 나의 시간으로 사용했다. 덕분에 해야 할 일을 출근 전에 끝내고 가벼운 마음으로 출근할 수 있었다. 게다가 퇴근하고 자기 전까지의 저녁 시간도 무언가를 해야 한다는 심적 부담 없이 자유롭게 사용해서 마음이 평화로워지고 느긋해졌다.

퇴근하고 관사로 돌아오면 자기 전까지 4시간 정도의 시간이 남게 된다. 처음에는 '어차피 새벽을 알차게 보내니까…'라는 생각에 아무것도 안 하고 쉬곤 했다. 유튜브와 OTT를 보고 게임을 하면서 시간을 보냈다. 그렇지만 영상매체의 특성상 수면 시간이 됐다고 재미있는 부분에서 끊고 자기가 힘들었고, 영상을 다 보더라도 연관 동영상을 추천해 주기도 했다.

알고리즘이 어찌나 정확한지 연관 동영상의 섬네일을 보면 클릭하지 않을 수 없었다. 게다가 게임을 할 때 교감신경계는 흥분하고 도파민이 분비되며 수면 시간이 지나도 피곤하지 않았고 밤이 되어서 게임을 끄고 침대에 눕더라도 게임 화면이 떠오르며 잠에 들기 힘들었다. 가끔 저녁에 약속이 잡힌다거나 술을 먹게 되면 속이 더부룩하고 숙취로 인해 숙면에 방해가 되어 다음 날 새벽 기상에 악영향을 끼쳤다.

'이대로는 안 되겠다.' 다시 한번 스스로 경종을 울렸다.

저녁 시간은 많은 사람이 깨어있고 약속이 많은 시간대라 연락이 잦기 마련이다. 직장인이라면 업무를 마친 후 사람이 붐비는 버스나 지하철을 길게는 몇 시간 동안 타고 집에 도착하고 난 뒤가 온전한 자유 시간이다.

게다가 회식이나 저녁 약속이 있는 경우는 밤이 늦은 후에야 집에 돌아와서 기진맥진한 상태로 씻고 바로 자게 된다. 로이F 바우마이스터, 존 티어니의『의지력의 재발견』이라는 책에서 알 수 있듯이, 우리의 의지력은 정신을 바짝 차리거나 '기합'을 넣는다고 무한대로 늘어나는 힘이 아니다. 하기 싫은 일을 할 때 소모되는 의지력은 근육과 마찬가지로 과도하게 사용하면 지치는 '소모 자원'이다. 직장에서 일을 열심히 하고 퇴근해서 집에 오면 의지력이 소진되어 아무것도 하기 싫고 그저 누워 있고 싶은 것이 당연하다.

이럴 때 퇴근하고 무기력하게 누워 있다가 바로 잠들기는 아쉬워 게임을 하거나 영상을 보기 시작하면 루틴이 무너지게 된다. 나도 이런 악순환의 고리에 빠져 잠에 드는 시간은 점점 늦어지고 수면의 질이 나빠지며 다음 날 새벽 기상에 실패하곤 했다. 결국 새벽 기상을 유지하려면 전날 저녁 루틴을 잘 가꿔야 한다는 깨달음을 얻었다.

서양철학사에 한 획을 그은 데카르트는 '마음과 육체는 서로 영향을 주고받지만 상호 독립적인, 서로 다른 두 종류의 실체이다.'라는 이원론을 이야기했다. 그리고 이 개념은 의학 분야에도 영향을 미쳐 현대의학에서는 몸과 마음을 독립적인 실체로 보아 따로 진단하고 치료한다. 그렇지만 한의학은 몸과 마음이 이어져 있어 그 둘을 나눠서 보기 힘들다는 사상을 기반으로 발전했다. 한의대를 다니며 익숙해진 심신의학을 바탕으로 스스로를 바라봤다. 의지력이 소모되어 마음을 움직이기 힘든 상태지만 스스로를 바꾸고 싶을 때, 지친 마음 자체에 집중할 수도 있겠지만 반대로 몸을 사용하는 방법을 택했다.

몸을 사용하는 방법으로 요가를 골랐다. 앞서 2꼭지에서 서술했듯이 퇴근한 후 격렬한 운동을 하면 몸이 항진되어 숙면이 힘들기 때문에 강도가 높지 않은 운동 중에서 선택했다. 매일 퇴근하고 요가원에 가서 1시간 동안 요가 수업을 들으며 일상생활의 잡념을 떨쳐내고 몸을 혹사하며 마음을 달랬다. 내가 다닌 요가원에서는 수업 마지막 5분 정도 매트에 가만히 누워 있는 사바아사나 자세(송장 자세)를 가진다. 이 시간을 통해 부교감신경계를 활성화하여 심신을 이완하며 휴식에 집중할 수 있었다.

게다가 퇴근하고 요가원까지 운전해서 다녀오는 것도 기분 전환에 도움이 됐다. 내가 살고 있는 곳은 근처에 요가원이 없어 가까운 시 단위까지 가야 하는데 왕복 1시간 조금 넘게 운전한다. 요가원까지의 길이 시골길이라 주변에 다른 차 없이 산과 강 등 자연 안에서 운전할 수 있어 답답한 마음을 푸는데 최고의 드라이브 코스다. 특히 가을에 운전할 때 석양이 산에 걸쳐있는 것을 보면서 운전할 수 있는데, 늘 뭉클한 순간으로 기억한다. 강원도라 겨울에 눈이 많이 오는데 눈이 소복이 쌓인 설산을 보면서 운전하는 것도 여행지에 온 기분이 든다.

다음 날 새벽 기상을 위해 일찍 자는 습관을 유지하다 보니 저녁을 많이 먹으면 잠에 들기 전까지 더부룩할 때가 있다. 저녁 약속이 늦는 경우에는 밥을 먹고 피곤해서 바로 눕고 싶은 마음도 든다. 그러나 밥을 먹고 바로 누울 경우 신체 대사가 떨어지고 혈당 조절이 안 되어 대사증후군을 유발할 수 있다. 그리고 누운 자세는 위산이 식도로 역류하기 쉬운 환경을 만들어 속쓰림 증상을 유발하고, 자주 노출될 경우 역류성식도염이 생기기도 한다. 저녁은 최대한 적게 먹고 어쩌다 과하게 먹었을 경우에는 짧게 산책이라도 하고 잠자리에 들자.

직장인들의 경우 저녁 회식이 종종 생기는데 잠에 들기 전 음주도 위산 역류의 가능성을 높인다. 간혹 술을 먹으면 잠이 잘 온다는 분이 있는데 실제로 수면 초기에는 술이 진정제로 작용하여 빠르게 자는 데 도움이 될 수 있다. 그러나 밤이 깊어질수록 깊은 수면과 얕은 수면 사이의 불균형이 생기고 전반적인 수면의 질이 떨어진다.

결과적으로 다음날 과도하게 졸리고 낮에 깨어있기 위해 카페인 등의 자극제를 섭취하는 것으로 이어진다. 카페인 같은 자극제를 상쇄하기 위한 진정제로 저녁 시간에 다시 술을 찾게 되는 악순환의 고리가 생길 수 있다. 여기까지 읽고 '내 이야기인데?' 싶은 분들은 잠에 들기 전 술 먹는 습관을 과감히 끊어 보자.

2꼭지에서 적은 대로 생체 리듬을 정상화하기 위해 수면시간 전 핸드폰이나 컴퓨터 등의 인공 빛은 최대한 피했다. 핸드폰과 컴퓨터를 멀리하면서 생긴 시간에는 어릴 때부터 취미였던 책을 자주 읽는다. 전공책 말고 가볍게 읽을 수 있는 교양서적이나 대중 서적, 에세이 등을 주로 활용한다. 옆에 공책과 펜을 준비해 놓고 좋은 구절이 나올 때마다 필사도 한다. 잠에 들기 전 책을 읽을 때의 장점이 많지만 그중 하나는 책을 읽다 보면 점점 졸린다는 점이다. 그럴 때는 졸린 느낌에 저항하지 않고 책을 덮고 침대에 몸을 맡긴다.

눈을 뜰 때마다 '할 수 있다!'라고 외치며 의지력을 이용해서 일어나는 방법으로는 하루 이틀 새벽 기상에 성공할 순 있지만 꾸준히 유지하기는 힘들다. 우리가 시험공부를 할 때도 시험지를 바로 찾아보기보다는 기본서를 먼저 공부하지 않는가. 기본기가 튼튼한 상태에서야 비로소 활용을 잘할 수 있는 법이다.

이를 주자의 『대학장구』에서는 '物有本末 事有終始 知所先後 則近道矣(물유본말 사유종시 지소선후 즉근도의)'라고 하였다. '사물에는 근본과 말단이 있고 일에는 마지막과 처음이 있으니, 먼저 해야 하는 것과 나중에 해야 하는 바를 안다면 도에 가까울 것이다'라는 뜻이다. 새벽 기상도 이와 마찬가지다. 새벽 기상을 잘하고 싶다면 역설적으로 전날 저녁 시간을 루틴대로 실천해 보자. 다음 날 새벽에 자연스럽게 눈이 떠지고 뭐든지 할 수 있다는 자신감이 충만할 것이다.

5.

새벽 기상이 알려 준
감사의 힘

   '이대로는 안 되겠다.' 싶어 새벽 기상을 실천한 지 몇 달이 지났다. 그동안 수면과 신체에 관해 공부하고 다양한 방법을 몸소 시행해 보는 과정을 거쳤다. 몸의 반응을 보면서 피드백하고 나에게 맞는 방법으로 고쳐가는 시행착오의 시간이었다. 새벽이라는 고요한 시간과 공명하며 시간을 확보하여 자아 성찰하며 스스로와 친해지기도 했다. 새벽 기상을 원활히 하기 위해 저녁 루틴도 만들어 지켰고 퇴근 후 시간까지 더욱 알차게 사용할 수 있었다.

   새벽 기상에 관해 공부하고 적용하기 위해 새벽 기상을 실천하고 있는 사람들이 모인 카페나 단톡방을 찾았다. 생각보다 많은 사람들이 모여 습관과 정보를 공유하고 서로에게 동기 부여하고 있었다. 그곳에서 새벽 기상 선배님들의 글을 보면서 새벽 기상을 통해 확보한 시간에 무엇을 하면 좋을지 정보를 얻었다. 이렇듯 온라인의 글과 책을 통해 새벽 기상을 실천한 분들의 경험담을 읽고 많은 생각을 했다.

새벽 기상을 실천하는 다양한 분의 이야기를 들으며 깨달은 점이 많았다. 처음에는 다들 시행착오를 겪다가 각자에게 맞는 방법을 찾아 자신만의 루틴을 만들어 새벽 기상에 성공한 이야기에 공감 갔다. 공감을 넘어 놀랐던 점 중 하나는 새벽 기상에 성공했다는 것에 만족하지 않고 더 발전할 수 있는 영역을 찾아 나서는 사람들이 많다는 것이다. '새벽 기상'이라는 첫 번째 습관을 정착시키고 자기 계발에 열중하여 다른 좋은 습관들로 나아가는 사람들이었다. 그런 분들의 이야기를 들으며 '정말 대단한 사람이 많구나.' 혹은 '다들 시간을 알차게 사용하고 있구나.'와 같은 생각을 했다.

새벽 기상에 성공한 후 대부분의 사람이 두 번째로 시도하는 자기 계발 습관은 바로 독서와 감사 일기다. 새벽 기상을 하면서 활용할 수 있는 시간이 많아짐에 따라 지식을 얻기 위한 취미로 책 읽기를 열심히 하는 것은 당연한 수순이라고 생각했다. 당장 나만 해도 새벽에 일어나서 명상과 스트레칭을 한 후의 시간과 자기 전 1시간 동안 종종 책을 읽기 때문에 자연스럽게 이해됐다. 그런데 새벽 기상과 '세상에 감사함을 가지는 것' 사이의 연관성은 이해되지 않았다. 새벽 기상을 하는 많은 분들이 어째서 감사 일기를 쓰는 건지 궁금증이 생겼다. 이 궁금증은 예전부터 꾸준히 해오던 기부 활동을 늘리며 자연스럽게 풀렸다.

세상에 받은 것을 돌려줘야 한다는 가르침을 주신 어머니 덕분에 대학생 때부터 조금씩 기부하고 있었다. 대학생 때는 작은 돈도 크게 느껴지니 아쉽다는 생각이 들었지만 내가 후원하고 있는 아이의 편지를 받거나 후원단체의 사업 결과를 보면서 뿌듯함을 느꼈다. 일을 하며 돈을 벌고 새벽 기상을 하면서 마음의 여유도 생겨 기부를 늘렸다. 다양한 단체에 기부하면서 정기적으로 오는 후원자 소식지를 자주 받게 됐다. 예전에는 바빠서 자세히 보지 못했던 소식지였지만 새벽 기상을 하며 자유로운 시간이 많아졌다 보니 이번에는 유심히 봤다.

후원금이 보통 많이 들어가는 아프리카나 여타 힘들게 사는 나라들이 많은 것은 글로 배워서 알고 있었다. 그러나 후원자 소식지는 그곳에 사는 분들의 생생한 인터뷰나 사진이 많기 때문에 글로 배웠을 때와 확연히 달랐다. 특히 전쟁의 위험 속에서 사는 분들의 모습은 나의 일상생활과 너무 달랐고 가슴 깊이 와닿았다.

아프가니스탄은 3년 전부터 이슬람 무장 세력인 탈레반에 장악된 후 중학교 이후 여성의 교육이 금지됐다고 한다. 어릴 때 학교에 가서 공부하기 싫다며 투정 부린 기억이 나면서 얼굴이 화끈거렸다. 단순히 운이 좋아 대한민국에 태어났다는 이유로 멀쩡히 학교에 다니며 교육받을 수 있다는 사실이 새삼 다르게 느껴졌다.

이 이후로 정신이 번쩍 들고 세상을 바라보는 시야가 넓어졌다. 이런 경험을 하기 전에는 '나도 감사 일기를 써 봐야지….'라고 생각하며 며칠 끄적이다가 포기하는 일상을 반복했다. 그렇지만 이제는 매 순간 감사함을 느낀다. 목이 마를 때 물을 마실 수 있고, 배고플 때 일용할 양식이 있음에 감사하다. 아직도 억압된 국가체계를 유지하는 나라가 많은데, 정치와 경제에 대해 자유롭게 비판할 수 있는 곳에서 산다는 것에도 감사함을 느끼게 됐다. 매일 하늘의 태양을 보며 농작물을 키워 주심에 감사하고 점심 먹고 산책할 때 건강한 두 다리가 있음에 감사하다.

　새벽 기상과 감사 일기를 함께 하는 분들은 대부분 새벽에 일어나서 감사 일기를 쓰는 경우가 많다. 새벽에 일어나서 맑은 정신으로 사소한 것에서부터 감사함을 찾아 쓰는 분들이다. 그렇지만 나는 감사 일기를 쓸 때 하루를 정리하는 기록이라는 '일기' 자체로의 의미도 가지고 싶었다. 그래서 보통 퇴근 직후나 자기 전에 매일 있었던 일들을 정리하고 회상하며 감사하는 방식으로 쓰고 있다. 내가 겪은 일이지만 글로 감사함을 표현하는 순간 더 큰 의미가 되어 다가온다.

　감사 일기는 단순히 새벽 기상을 하는 분들이 많이 하는 습관이 아니다. 자수성가를 몸소 실천한, 존경할 만한 사람 중 감사함의 힘을 활용한 분이 많다. 서미림의 『수천억의 부를 가져오는 감사의 힘』이라는 책을 보면 감사의 힘을 통해 성공을 이룬 위인들의 이야기가 나온다. 아인슈타인, 넬슨 만델라, 닉 부이치치, 에디슨 등 유명한 사람들이 모두 감사를 통해 부와 명성을 얻었다.

그 중 오프라 윈프리는 몇십 년간 매일 감사 일기를 쓰는 것으로 유명하다. "당신이 가진 것에 감사하면 결국 더 많이 가지게 될 것이다. 당신이 갖지 못한 것에 집착하면 절대 충분히 가지지 못할 것이다." 최악의 어린 시절을 보냈지만 결국 자수성가한 오프라 윈프리의 명언 중 하나이다.

게다가 감사 일기는 우리 몸에도 긍정적인 영향을 미친다. 요즘은 행복과 건강에 대해 다양한 책이나 영상을 통해 풍부한 정보를 얻을 수 있다. 운동이나 영양, 건강기능식품 등의 정보는 주위에서 쉽게 찾을 수 있지만 우리의 몸과 마음을 동시에 지배하는 호르몬에 대한 이야기는 상대적으로 적다. 호르몬은 거의 모든 생명현상을 일으키는 물질이고 그 중 도파민, 세로토닌, 엔도르핀을 행복 호르몬이라 부른다.

단순히 행복하기 위해서라면 쾌락을 좇으면 되지 않나 생각할 수 있지만 자극적인 쾌락만 추구하면 주로 도파민이 분비된다. 도파민도 사람을 행복하게 만들지만 '예상치 못한 자극'에만 분비되는 성질이 있다. 결국 단기적이고 새로운 자극만을 추구하는 사람이 된다. 자극적인 영상매체나 도박 중독이 도파민의 노예가 되는 사례다. 그렇기 때문에 나머지 행복 호르몬인 세로토닌과 엔도르핀을 함께 분비해야 한다. 방법은 다양하게 있지만 그중 가장 간단한 방법이 바로 '감사함' 느끼기이다. 감사함을 느끼게 되면 뇌의 사회기능 영역이 활성화되어 다양한 행복 호르몬이 나오게 된다. 그리고 이런 감사함을 느끼기 가장 쉬운 방법이 바로 감사 일기를 쓰는 것이다.

이렇듯 감사 일기를 매일 쓰면서 세상에 감사한 마음이 더욱 커졌다. 감사한 마음은 기부를 넘어 봉사활동에 눈을 돌리게 했다. 시골에 살고 있기 때문에 온라인으로 할 수 있는 활동을 찾던 중 이미 후원하고 있던 굿네이버스의 번역 자원봉사자 모임인 아임유어펜(I'm your pen)에서 자원봉사자를 모집한다는 공고를 발견했다. 굿네이버스에서 후원받는 아동들이 보내는 편지를 번역하는 봉사활동이었다. 그동안 내가 받은 편지들도 이런 봉사활동을 거쳐 나에게 왔을 것을 생각하니 책임감 있게 번역에 임했다. 총 5달 동안 584개의 편지를 번역하며 아임유어펜 14기 활동을 성황리에 마칠 수 있었다.

번역 봉사활동을 하면서 뿌듯했지만 한의사라는 직업을 활용한 봉사활동도 하고 싶었다. 그래서 선배를 통해 알게 된 '열린의사회'라는 곳에 가입하고 의료봉사 모집 공고를 주기적으로 확인했다. 그러던 중 한의사가 필요한 의료봉사를 신청해서 오랜만에 가게 됐다. 처음 가는 곳이라 걱정했는데 열린의사회 의료봉사팀에서 필요한 물품을 꼼꼼히 준비해 주셨다. 할머니 할아버지들께 먼 곳인데 와 줘서 고맙다는 이야기를 들으니 평소 하던 진료였지만 더 힘을 내서 할 수 있었다.

새벽 기상을 통해 스스로를 가꾸고 더 나아가 감사 일기를 쓰며 세상을 다르게 바라볼 수 있게 됐다. 나도 세상에 불만과 분노를 가지고 불평만 하던 때가 있었다. 늘 주변 사람들과 세상의 흐름에 뒤처진 것 같다는 불안감에 잠을 설친 때도 있었다. 그렇지만 지금 & 여기(Now&Here)의 상황에 감사함을 가진 이후로 영혼이 한층 성숙해졌다. 지금 내가 서 있는 위치에 오기까지 과연 내 힘만으로 성취한 것이 있을까? 이런 의문에 대한 답이 궁금하다면 매일 감사 일기를 써 보자. 답은 스스로 깨닫게 될 것이다.

6.

인생의 방향은
내가 정한다

매일 새벽에 일어날 때 눈이 가볍게 떠지고 몸은 개운하다. 새벽 기상을 시행하기 전이었다면 모닝 벨 소리를 듣고 눈을 떴다가 다시 끄는 행동을 반복했을 것이다. 몇 번 반복 후 눈이 떠지더라도 침대에 멍하니 누워 있는 시간을 보냈을 수도 있다. '아 일어나야 하는데…', '10분만 있다가 일어나야지…' 등의 쓸데없는 생각을 하면서 말이다. 그러나 지금은 새벽 루틴에 따라 시간에 맞춰 몸이 알아서 움직이고 있다.

예전에는 모닝 벨이 들리면 손을 뻗어 끄기에 급급했지만 이제는 다르다. 모닝 벨 소리가 들리면 일단 침대에 일어나 앉는다. 새벽 기상을 아무리 오래 했어도 침대에 앉은 상태에서는 다시 눕고 싶다는 생각이 머릿속에 가득하다. 그때 '내가 존경하는 인물이라면 얼른 침대에서 일어날까? 아니면 다시 잘까?'를 생각한다. 나의 의지력만으로 침대를 박차고 나오기는 힘들지만, 존경하는 인물의 힘을 빌린다면 좀 더 쉽게 일어날 수 있다. 물론 4꼭지에서 말한 바와 같이 전날 저녁 루틴이 안정적일 때 가능하다.

새벽 기상 할 때 정말 피곤해서 일어나지 못하는 날이 있을 수 있다. 이럴 때 '역시 나는 아침형 인간이 아닌가 봐.', '아 늦게 일어나다니 전부 망했어.' 등의 완벽주의 강박은 좋지 않다. 자신의 정신 수양이 부족해서 잠의 유혹에 쉽게 빠진다는 자책도 금물이다. 『명상록』의 저자이자 로마에서 존경받는 황제 중 하나인 마르쿠스 아우렐리우스도 침대에서 나오는 것을 힘들어했다. 광활한 로마를 다스리는 동시에 스토아 철학에도 조예가 깊었던 철학가 황제조차 우리와 비슷한 고민을 했다는 것을 알면 마음에 위안이 된다.

다시 침대에 눕고 싶은 유혹을 뿌리치고 일어난 후 바로 이불 정리를 한다. 이불 정리는 몇 초 만에 할 수 있고 대단한 일이 아니다. 그렇지만 달성하기 쉬운 일로 매일 성취감을 얻고 하루를 시작하는 것에 의의를 두고 있다. 인간은 목표를 설정하고 그 목표를 달성했을 때 뿌듯함을 느끼며 자기 효능감을 키운다. 그렇지만 현대 사회는 문명이 발달하고 사회구조가 복잡해져 내가 들이는 노력에 대한 보상이 즉각적이지 않다.

공부나 취업 등의 노력은 몇 년 혹은 십수 년 뒤에나 결실이 보이기 때문에 긴 시간 동안 불안감을 느끼기 십상이다. 게다가 주위의 사람들은 모두 비슷한 목표를 추구하기 때문에 원치 않는 경쟁에 내몰리게 된다. 이런 상황에서 심리학은 마음이 지치거나 우울하거나 의욕이 없을 때 자신감을 키울 수 있는 방법으로 '작은 성취'를 추천한다. 즉각적으로 목표를 달성할 수 있고 타인과 경쟁도 필요 없는 이불 정리를 나만의 작은 성취로 가져 보면 어떨까?

이불 정리를 끝낸 후에는 물 한 컵을 마셔 자는 동안 땀이나 호흡으로 배출된 수분을 다시 채운다. 공복 상태에서 물을 마시면 장운동이 촉진되어 신진대사가 원활해지고 노폐물 배출에도 도움 된다. 요즘은 맹물을 마시기보다 뇌를 깨우기 위해 소금을 녹여 먹고 있다. 맹물로 마실 때보다 혀에서 짠맛이 느껴지면서 잠도 더 잘 깨는 느낌이 든다. 소금물을 마시고 난 후에는 3꼭지에서 얘기한 명상을 하며 성찰의 시간을 가진다.

명상을 한 후에는 동기부여 강의를 하나씩 듣는다. 명상하며 성찰하는 시간을 가지면 마음이 차분해진다. 마음이 차분한 것도 좋지만 활기찬 마음과 에너지를 가지고 외부 활동을 시작하고 싶어서 강의를 듣고 있다. 초반에는 '동기 부여'라는 키워드를 유튜브로 검색해서 보곤 했는데, 매일 보는 영상의 화자가 달라 내용이 이어지지 않는다는 생각이 들었다. 그래서 현재는 클래스101에서 라이프스타일이나 성공 마인드 강의 중 나에게 맞는 것을 골라서 듣는다. 매일 한 강의씩 들으면 어제 들었던 강의와 유기적으로 이어지는 느낌과 함께 스스로를 다잡을 수 있다.

새벽 기상을 하면서 보통 사람과 다른 루틴으로 살다 보니 타인을 따라

가지 않고 나만의 방향을 찾을 수 있게 됐다. 우리 주변을 둘러보면 삶의 목적이나 목표 설정 없이 그냥 태어났기 때문에 사는 사람이 많다. 탄생은 우리 인생의 시작이지만 어느 나라의 어떤 부모님 밑에서 어느 타이밍에 태어나기로 선택한 사람은 없지 않은가. 부모님께서 낳았기 때문에 태어났고 부모님이 주는 대로 먹고 입혀 주는 대로 입었다. 학창 시절에는 부모님께서 시키는 대로 학교에 가서 공부한다. 고등학교를 졸업하고 적성이나 취향을 모른 채 성적에 맞춰 대학에 간다. 대학을 졸업한 후에는 남부럽지 않은 직장에 취직하기 위해 시간을 투자한다.

어릴 때는 부모님이 원하는 모습을 성취하는 것이 나의 기쁨이 되고 사회에서 만들어놓은 기준을 달성하는 것에 안도감을 느낄 수 있다. 그렇지만 부모님이 시키는 대로, 타인의 시선에 따라가기 위해 살다 보면 나이가 들면서 점점 공허해진다. 내가 경차일 때는 앞차가 견인하는 대로 끌려갈 수 있지만, 차가 점점 무거워지면 결국 스스로 핸들을 잡아야 할 때가 온다. 그때가 되면 자연스럽게 이런 생각이 든다.

'나는 왜 사는 거지?' '나는 어디로 가는 거지?'

인생을 주도적으로 살아야 하는 이유 중 하나는 행복으로 가는 첫걸음이기 때문이다. 인생을 살아감에 있어 행복해지는 방법은 문화와 사람마다 다르며 수십 가지가 있다. 그렇지만 여러 문화와 사람들이 공통으로 이야기하는 단어가 있다. 바로 '자기 결정권'이다. 행복을 추구하는 데 있어 스스로 결정한 일을 시행하는 것이 상당히 중요하다. 남이 추천하거나 시킨 일은 비록 그 일이 재밌거나 돈을 많이 벌더라도 마음 한편에 찜찜함이 남아 있다. 인생의 항로를 스스로 결정하여 배를 몰 때 자기 존중감이 올라간다.

두 번째 이유는 세상을 비관적으로 바라본다고 손가락질할 수도 있지만, 나를 위한 조언을 하는 사람의 대부분은 실제로 스스로를 위하기 때문이다. '우리가 식사할 수 있는 것은 정육점 주인, 양조장 주인, 빵집 주인의 이타심 덕분이 아니라 그들 자신의 이익에 대한 관심 때문이다.' 애덤 스미스의 『국부론』에 나오는 구절이다. 대부분의 사람은 자신에게 이득이 되는 방향으로 행동한다. 나를 위한 조언도 결국은 나의 발전이나 성공이 그 사람에게 도움이 되기 때문이다. 그렇기 때문에 나를 꼭두각시처럼 조종하려는 사람을 감별하고 인생의 경로를 주도적으로 정해야 한다.

세 번째 이유는 스스로의 선택일 때 다른 사람을 탓하지 않기 때문이다. 어릴 때 부모님께 반복적으로 했던 부끄러운 행동이 있다. 무언가를 선택할 때 실패할 것 같은 느낌이 들면 부모님이 시킨 대로 했다가 예상대로 결과가 나쁘면 "시킨 대로 했다가 망했잖아!"라며 화를 낸 경험은 누구나 있을 것이다. 나도 학생 때까지는 쭉 그렇게 살다가 재수하면서 마음을 고쳐 먹었다.

1꼭지에 나온 독학 재수 시절 모의고사를 잘 보며 승승장구하다 9월 모의고사를 망치고 실의에 빠졌다. 그때 부모님께서는 나를 위로하며 지금이라도 재수 학원에 등록하자고 말씀하셨다. '이번에도 부모님 말씀대로 하고 결과가 나쁘면 부모님 탓을 해서 알량한 자신감을 지키자.'라는 악마의 유혹이 들렸다. 그렇지만 이번에는 실패하더라도 내가 선택한 결과를 짊어지겠다는 일념으로 독학을 유지했고 다행히 만족스러운 결과를 얻었다. 남 탓이라는 악순환의 고리를 끊어 낸 최초의 경험이었다.

　새벽 기상을 실천하면서 몸도 건강해지고 영혼도 성장했다. 다른 사람들도 이런 귀한 경험과 성장을 할 수 있으면 좋겠다고 생각하던 와중에 좋은 기회가 생겨 책으로 쓰게 됐다. 지금 글을 읽는 분들은 '습관'에 대해 관심이 있고 스스로를 변화시키려는 마음이 있기 때문에 이 책을 골랐을 것이다. 어떤 습관을 키우고 싶은지는 모르겠지만 변화의 첫 삽으로 추천하는 습관이 새벽 기상이다.

　독자의 변화를 두려워하거나 '살던 대로 살아.'라며 핀잔을 주는 주변 사람과의 연락도 자연스럽게 줄일 수 있고, 자신을 위한 시간도 확보할 수 있고, 성찰할 기회도 제공하는 습관이기 때문이다. 필자가 직접 새벽 기상을 하면서 겪은 시행착오를 보고 독자는 미리 어려움을 피해 가기를 바란다. 책을 다 읽은 후 직접 새벽 기상을 실천하며 힘들 때면 다시 돌아와 나의 이야기를 읽으며 위로받고 다시 동기부여를 받기를 바란다.

시간 관리로
인생의
효율성을
높여라

HABIT 3

비로소 시간의 소중함을 알게 되어,

어떻게 하면 시간을 잘 쓸지 고민한다.

이러한 고민으로 효율적으로 시간을 사용하는

저항 없는 습관을 갖게 되고,

습관들이 블록으로 채워진 일상이 쌓이다 보면

어느 순간 눈부시게 성장한 당신을 만나게 될 것이다.

1.

기다림과 여유도
때론 고통이다

세일즈맨은 사장이다. 지금은 자동차 세일즈맨으로 일하고 있지만 나는 13년이라는 시간을 글로벌 자동차 회사의 사무직으로 근무했다. 수많은 국내외 회의에 참가하며 정해진 업무 일정을 지키며 살아왔다. 그때는 시간 관리가 필요하다는 생각을 딱히 해 본 적은 없었다. 그저 새롭게 부여되는 업무들을 나의 캘린더에 추가하면 자동적으로 시간 관리가 되었다.

물론 업무 수행에 필요한 시간 배분은 나의 몫이었지만, 나의 보스들이 나에게 업무를 지시하면 그 업무를 기한에 맞게 실행하면 되었다. 그러나 세일즈는 완전히 달랐다. 세일즈맨은 나 자신이 사장인 것이다. 사장은 리더나 보스가 없기 때문에, 모든 일의 기획부터 실행까지 스스로 주도적으로 진행해야 한다. 이 말은 내가 주도적으로 시간 관리를 하지 않는다면,

시간은 그냥 흘러가 버리며 모든 일의 결과는 스스로 책임을 져야 한다는 의미이다.

세일즈맨은 모두 바쁜 줄 알았다. 그러나 그 바쁨이라는 왕관은 판매왕에게나 주어지는 특별한 것이었다. 세일즈맨들은 대리점에서 근무하는 당직 업무를 포함하여, 오랜 시간 동안 고객을 기다려야 한다는 것을 알게 되었다. 세일즈맨은 나를 찾아 주는 고객이 없다면 기다려야 한다. 회사원들은 시간이 지나면 급여라는 것을 받을 수 있지만, 세일즈맨은 기다리는 시간이 늘어날수록 소득은 줄어들고 나중에는 아예 소득이 없어질 수도 있다.

평균적인 세일즈맨이라면 일상적인 고객 관리 업무와 계약, 출고, 업무 외에는 대부분 대기를 해야 한다. 고객 관리 업무의 경우, 매일 열심히 하고 싶다고 해서 할 수 있는 것이 아니다. 대부분의 세일즈맨은 보유한 고객 Database가 제한적이어서, 고객에게 전화로 안부를 전하는 일도 하루 이틀이면 끝나 버린다. 즉, 평균적인 세일즈맨에게는 기다림과 여유로움이 공존하게 된다. 나는 기다리는 시간이 너무 길게 느껴졌고 이 시간을 활용하고 싶었다. 그래서 나의 캘린더에 판매에 도움이 될 만한 루틴을 하나씩 채우기 시작했다.

짐작하겠지만 시간을 자유롭게 활용할 수 있는 세일즈맨이 루틴을 만들기 위해서는 실로 더 많은 노력이 필요하다. 그러나 루틴 만들기는 시간 관리의 첫 단추이기 때문에 무조건 만들어야 했다. 세일즈맨으로 성장하기 위해서는 성공한 세일즈맨 선배들이 무엇을 잘하는지 파악하는 것이 중요했다. 운이 좋게도 내 주변에는 성공한 선배들이 있었다. 성공한 세일즈맨들은 제품에 대한 해박한 지식을 갖고 있고, 상담 스킬이 뛰어났다. 나는 이 두 가지 역량과 더불어 고객과의 접촉 비율 높이고, 더 많은 고객 DB를 확보하기 위해 노력하기로 했다. 그렇게 해야만 하염없이 고객을 기다리지 않아도 될 것 같았다.

아침 시간은 내게 소중한 기회였다. 세일즈를 시작할 무렵, 나는 서울 양재동에서 동탄 신도시로 출근했다. 먼 곳에 사는 사람의 이른 출근이 공식 룰인 것처럼 나는 아침마다 가장 먼저 출근했다. 일찍 도착해 아무도 없는 대리점에서 차량에 대한 공부를 시작했다.

내가 원하는 공부는 고객들에게 우리 제품을 더 매력적으로 안내할 수 있는 부분을 찾아내는 것이었다. 차량의 실질적인 느낌과 장점을 구체적으로 확인하는 것부터 시작했다. 나는 차량에서 풍기는 분위기를 최대한 느끼려고 노력했으며, 이 느낌을 말로 표현할 수 있는 단어들을 찾아내기 위해 노력했다. 아울러 고객과의 상담에서 사용할 수 있는 멘트를 개발하기 위해 홈쇼핑을 자주 시청했다. 그리고 매일 아침 인터넷 검색을 통해 쉐보레 관련 뉴스와 이슈를 파악했다. 가끔 궁금한 것은 본사에 근무 중인 동기들과 지인들을 통해 알아보기도 했다.

시간이 조금 지나자, 나는 판매 중인 모든 차량의 느낌, 장점 및 최신 뉴스까지 파악하게 되었다. 이런 노력들로 고객과의 상담이 알차게 진행되었고 나의 판매 실적도 서서히 상승곡선을 그리기 시작했다.

제품의 감성적 부분과 실제 경험을 통한 장단점, 그리고 차량의 개발 히스토리, 최신 뉴스까지 제공할 수 있는 세일즈맨은, 판매에 있어 작지만 큰 차이를 만들게 된다. 지금도 나는 신차가 발표되면 회사에 제공하는 제품 정보 외에도 나만의 차량 공부를 추가로 하고 있으며, 오랜 시간 동안 차량을 시승하며, 고객에게 전달할 수 있는 차량의 매력을 찾아내기 위해 많은 시간을 쓴다.

판매는 확률 게임이다. 과거 발로 뛰는 세일즈맨이 실적을 올렸던 시절에는, 전단을 직접 제작해 고객들에게 전달하고 아파트나 상가, 빌라의 우체통에 전단을 넣는 방법으로 홍보할 수 있었다. 그러나 지금은 이 전단으로 홍보하는 것은 벌금이 부과될 수 있고, 아파트 경비분들에게 전화를 받고 전체를 회수해야 하는 일이 발생할 수도 있다. 내가 세일즈를 시작했던 2018년 하반기와 2019년 중반까지만 해도 동탄 신도시는 이런 활동이 허용되었다.

그래서 나는 오후와 저녁 시간을 활용하여 평균 두 시간 정도 전단과 현수막을 설치하는 루틴을 만들었다. 신규 아파트, 빌라, 상가 그리고 사람이 많이 모이는 주민센터와 쇼핑몰에서 전단과 볼펜을 나눠 드리며 홍보했다. 그렇게 고객들에게 제품을 알리고 나를 알릴 수 있는 기회를 얻다 보니, 우리 차량에 관심 있는 고객들과 차량이 필요한 고객들의 DB를 확보할 수 있었다. 그렇게 나는 더 많은 판매 기회를 얻을 수 있었다. 그러나 2019년도 후반부터 동탄 신도시에도 전단과 현수막은 사용할 수 없게 되었다.

나는 나만의 세일즈 방법을 깊이 고민하기 시작했다. 이제는 기존 고객들을 관리하는 방법, 대리점을 방문한 고객들의 DB 그리고 세일즈 리드라는 방식으로 회사에서 세일즈맨에게 제공하는 DB가 활용할 수 있는 전부가 되었다. 다시 나의 업무시간은 여유롭게 기다리는 시간으로 채워지기 시작했다.

참고로 내가 몸담고 있는 브랜드에서는 카페 활동을 통한 홍보, 세일즈맨 개인 블로그 마케팅, 유튜브 마케팅 및 인스타 마케팅 등과 같은 온라인 마케팅은 일체 금지되어 있다. 이렇게 변화하는 환경을 인지하고, 한정된 DB를 활용해 세일즈 활동을 이어가면서 새로운 방법을 찾아야 했다.

나는 고객에게 초점을 맞췄다. 나를 경험하고 평가하는 사람은 내 고객이다. 그리고 고객을 통해 자연스럽게 퍼져 나가는 입소문을 만들기 위해 무언가가 필요했다. 나를 만나는 고객에게 좋은 인상과 더 행복한 구매 경험을 드리기 위한 아이디어를 찾아내기 위해 노력했다. 무엇보다 고객들이 나를 지인들에게 강력하게 추천하기 위한 특별한 무언가가 필요했다.

첫 번째, 나는 당시 판매왕은 단기간에 달성이 어렵겠다고 판단했고, 고객만족도 1위 타이틀은 해볼 만했으므로 고객만족도 1위 달성에 집중했다. 이런 타이틀이 있다면 나를 경험한 고객이, 한 번 더 나를 언급할 수 있을 것이라고 생각했고, 고객만족도는 고객이 느끼는 신뢰와도 밀접히 연관되어 있어 '신뢰받는 세일즈맨'이 될 수 있겠다는 확신도 있었다. 그래서 매달 실시하는 고객만족도 조사에서 1등을 하기 위해 노력했고, 나는 빠른 시간

내에 1등이라는 타이틀을 거머쥐었다. 그리고 고객과의 미팅에서 이 타이틀을 활용해 자기소개를 하고, '고객만족도 1위 카 매니저'와 거래했다는 것을 강조했다.

두 번째, 차량을 계약한 고객들께 기억에 남는 '선물'을 드리는 것이었다. 평소에 독서를 꾸준히 하고 있었기에 고객들이 읽기 편안한 책을 선물하기로 했다. 차량을 계약했는데 책 선물을 받는다는 것은 흔한 이벤트는 아니기 때문에 고객이 아주 특별하게 느낄 것 같았다.

나는 차량 계약에 대한 감사와 차량이 행운과 복을 가져다주길 기원한다는 내용으로 정성을 담아 편지를 작성해 함께 동봉하여 보냈다. 책은 주로 고객이 차량을 계약하고 인도를 기다리는 동안 집으로 먼저 도착했고, 좋았다는 피드백이 많았다. 그리고 태어나서 처음 책 선물 받아 본다는 고객도 계셨는데, 좋은 추억을 만들어 드려 기뻤다.

이로써, 나를 경험한 고객들은 주변인들에게 차량 구매와 더불어 책 선물까지 이야기할 수 있게 된 것이다.

고객이 편안한 시간이 기회다! 세일즈맨의 가장 큰 장점은 자신이 일할 수 있는 만큼 일할 수 있다는 것이고, 실적이 높아지면 높아질수록 그만큼 소득은 늘어난다는 것이다. 고객을 하염없이 기다리는 것과 여유로운 일상에 대한 두려움 때문에 계속해서 새로운 루틴을 만들어 활동했다. 그 결과는 몇 개월의 시간이 지난 후에는 나도 조금씩 바쁜 세일즈맨이 되어 가고 있었다. 어느 정도 판매가 올라오면서 내 캘린더에는 해야 할 일이 점점 가득 차고 있었다.

그 시기가 되자 소개를 통해 차량을 계약하는 고객들이 늘어나면서 직접 만나지 않아도 되는, 계약이 되는 판매도 증가하기 시작했다. 나는 이것에 만족하지 않고 조금이라도 비어 있는 내 스케줄을 활용하여, 더 움직이고 더 많은 고객들을 만나고 더 많은 차량을 판매하고 싶었다. 그래서 한 번 더 아이디어를 낸 것은 시승 활동이었다.

나는 고객이 편안하게 생각할 수 있는 평일 퇴근 후와 주말 시간을 활용했다. 내가 보유한 고객을 대상으로 내게는 비어 있는 이 시간대에 약속을 잡기 시작했다. 고객과의 접촉을 더 높이기 위해서 내게 비워진 시간을 아낌없이 사용했던 것이다. 아울러 이 시기에는 가장 판매가 잘 되는 차량을 직접 구매해 운행하면서 시승에도 활용했다. 물론 시승만 경험하고 돌아가는 고객들도 있었지만 계약은 꾸준히 늘어났다.

시승을 경험한 고객도 차량의 구매 시기가 되면 다시 나를 찾아오셔서, 시승 활동은 하면 할수록 나의 판매량이 꾸준히 늘어났다. 이 모든 활동은 내가 세일즈를 시작하면서 '대기하는 시간을 어떻게 하면 효율적으로 사용할 수 있을까?'라는 고민에서 시작된 것이었다. 이즈음부터 나는 출근부터 늦은 퇴근 시간까지 그리고 주말까지도 할 일 있는 바쁜 세일즈맨, 다시 말해 판매왕이 되어 있었다.

2.

효율성을 위해
시간 관리를 하라

나는 이 시기 일주일에 7일 모두 근무했다. 물론 풀타임은 아니지만 주말에도 고객과 미팅이 잡히면 바로 전시장으로 뛰어나갔다. 쉴 수 있는 시간이 있어도 고객들을 만나기 위해 가망고객들에게 문자를 보내고 시승과 미팅을 독려했다. 그래도 미팅이 없다면 가족과 시간을 보내거나 휴식을 취했다.

그렇게 일주일 내내 비어 있는 시간을 채워 가며 일상을 보내던 중 와이프가 포항으로 발령을 받게 되었다. 기업에서 좋은 경력을 쌓아가려면 여러 부서 그리고 많은 지역을 경험해야 한다는 것은 누구나 아는 사실이다. 우리 부부에게 포항 발령이란 내가 포항으로 내려가서 다른 직장으로 이직을 해야 한다는 의미가 될 수 있었고 또는 와이프가 회사를 그만두어야 한다는 의미가 될 수도 있었다. 그러나 우리 부부의 선택지에는 이 두 가지는 없었다.

내가 세일즈맨이 되려고 했을 때, 와이프는 크게 반대하지 않고 내 선택을 묵묵히 지지해 주었다. 지금의 나로 성장할 수 있도록 큰 힘이 되어 주었다. 지금 생각해도 참 고마운 일이고 와이프에게는 상당한 용기가 필요한 결정이었다. 남편이 잘 다니던 회사에서 스스로 퇴사하고 자동차 세일즈맨이 된다고 하면 누구나 반대가 심할 것이다. 아니 절대 못하게 할 것이다. 또한 그 시기에 첫째가 이 세상으로 나오려고 준비 중이었다. 그런 상황에서도 나를 서포트 해주었던 와이프를 이제는 내가 서포트해야 한다는 생각을 했다. 그 방법은 내가 더 움직이는 환경을 만드는 것이었다. 그런 생각으로 우리는 주말부부가 되었다. 물론 내가 포항으로 이직하는 것도 좋은 대안이 될 수 있었지만 그 당시 동탄 신도시는 나에게 기회의 도시였다. 신도시였고 차량 수요가 다른 도시에 비해 많은 곳이었기 때문에 내가 노력한 만큼 분명히 좋은 결과를 얻을 수 있는 곳이라는 믿음이 있었다.

주말부부를 시작하면서 나와 가족에게 다짐한 것은 최대한 주말부부답지 않게 가족들과 함께 많은 시간을 보내겠다는 것이었다. 최소 10일은 포항에서 지내고 가족들의 대소사는 내가 모두 참석하겠다고 약속했다. 아무리 시간이 자유로운 세일즈맨이라고 해도 대소사 참석은 상당히 어려운 일이었다. 나는 다짐하고 또 다짐하며 가족들을 포항으로 내려보냈다. 그리고 기다림과 여유로운 시간에 고통을 느끼며, 더 많은 일을 하기 위해 억지로 스케줄을 만들었던 채움의 시간 관리가 아니라 일과 가족 그리고 나의 성장까지 함께 쟁취해야 하는 그야말로 빼기와 효율적인 시간 관리를 시작하게 되었다.

시간 관리에 대해 생각해 볼 필요가 있다. 우리는 부족한 시간에 더 많은 일을 하려고 노력한다. 그리고 바쁜 일상에서 시간 관리를 통해 여유로워지기를 바란다. 그러나 흘러가는 시간을 관리를 한다는 것은 불가능하다. 관리하겠다는 생각 자체가 아이러니일 수 있다. 아무리 브레이크를 밟아도 우리는 흘러가는 시간을 멈출 수가 없을뿐더러 빠르게 흘러 보낼 수도 없다. 그렇기 때문에 우리는 어떻게 하면 이 흘러가는 시간을 더 효율적으로 사용할 수 있는지를 고민해야 하는 것이다.

나에게 그 해법은 다음과 같다.

첫째, 적극적인 외주화. 둘째, 일 잘하는 사람과 일하기. 셋째, 커뮤니케이션 능력을 향상시키기. 넷째, 주어진 시간을 최대한 활용하기. 다섯째, 효율을 위해서는 비용을 지불하기.

첫째, 적극적인 외주화

먼저 내가 하지 않아도 되는 일을 분류했다. 그 결과 많은 일을 줄일 수 있었다. 자동차 세일즈맨은 대리점 당직업무, 고객을 직접 만나는 미팅, 시승과 차량 인도를 제외하면 모든 부분을 외주화시킬 수 있다. 차량 구매에 관련된 대부분의 프로세스는 전화나 문자, 카톡으로 진행이 되기 때문에 직접 만나야 하는 일도 최대한 줄일 수 있다.

나는 당직, 미팅, 시승, 차량 인도를 제외하고 모든 일을 전문가들에게 적극적으로 위임했다. 심지어 거주 중인 오피스텔의 청소까지도 외주화시키면서 내가 관리해야 하는 포인트들을 줄이고 내가 집중해야 하는 부분에 최대한 집중하기로 했다.

둘째, 일 잘하는 사람과 일하기

나를 대신해 일해 줄 사람들을 선정하기 시작했다. 여기서 중요한 것은 일 잘하는 사람들을 만나는 것이다. 그리고 그들에게 내 방향에 대해 자주 이야기하고 고객 피드백을 공유하면서 함께 성장하는 것이다. 자동차 금융과 리스, 렌트의 경우 금융사별 담당자 있다. 이 담당자들 중 일의 품질과 커뮤니케이션 능력이 뛰어나고 업무태도가 좋은 사람을 선정했다.

아울러 나의 기대수준까지 업무 품질이 올라오지 않은 경우에는 내가 어떤 마인드로 업무를 진행하고 목표는 무엇인지에 대해 자주 이야기하고 우리 서비스에 대한 고객 피드백을 꾸준히 공유했다. 그 결과, 그들은 나와 같은 방향으로 움직이게 되었다.

차량은 자주 구매하는 제품이 아니다. 그렇기 때문에 금융상품을 설명하는 담당자의 커뮤니케이션 능력은 중요하다. 아울러 전화로 진행되는 업무라도 담당자의 태도는 전화를 통해 고객에게 전달이 되는 법이다. 차량 구매 프로세스는 고객께서 불편하거나 불쾌하면 절대 안 된다.

자동차 등록업무의 경우 세일즈맨이 직접 하는 경우가 많다. 그러나 나는 등록업무의 경우 대행사에게 도움을 받고 있다. 차량 검수가 완료되면 임시 번호판 탈거하고 자동차 등록을 한 후 정식 번호판 장착까지 업무를 진행해 준다. 아울러 고객은 당일 업데이트되는 여러 가지번호들 중 원하는 번호를 선택할 수 있게 도와드린다. 이때 고객과 통화를 해야 하는 일이 발생한다.

이 순간에도 행복한 구매 경험을 위해 우리는 이렇게 준비한다. '*** 고객님, 신차 출고를 축하드립니다. 쉐보레 김정길 카 매니저의 등록 직원입니다.' 라는 축하의 인사와 함께 업무를 진행하고 있다. 내가 업무를 하는 것처럼, 나를 대신해 주는 사람이 있기에 나는 이 시간을 활용할 수 있는 것이다.

중고차 담당자도 업계 대기업 직원들로 능력 있고 태도가 좋은 직원들과 업무를 진행하고 있다. 고객께서 중고차 앱을 통해 거래하는 경우도 있지만 참고용으로만 사용하고 담당 세일즈맨에게 위임하는 경우가 많다. 이런 경우 여러 명의 딜러에게 가격을 확인하는 것도 많은 시간이 필요하다. 그러나 가격은 별반 차이가 없다.

나는 오직 두 명의 담당자와 협업하고 있다. 물론 이들은 알아서 고객과 미팅을 잡고 상담을 진행하며, 중고차 앱 대비 좋은 매입 가격과 후속 업무 처리 모두 아주 깔끔하게 진행한다.

이렇게 업무들을 분류하다 보니 내 주변에는 좋은 조력자들이 있었고 비용을 조금만 지불한다면 내게 황금 같은 시간이 생긴다는 것을 알 수 있었다. 내가 직접 고객을 만나야 하는 일을 제외하고는 나는 핸드폰만 있다면 어디서든 일을 할 수 있게 된 것이다.

참고로 2019년도에 가족 모두가 독일에서 거주했던 적이 있다. 그해 12월에는 3주 동안 독일에서 가족들과 함께 시간을 보냈다. 독일은 한국과 낮과 밤이 반대이다. 그러나 나는 독일에서 22대의 차량을 원격으로 판매하고 차량 인도까지 완료했다. 물론 한국에 돌아와서 고객들을 찾아뵙고 다시 인사를 했다. 일 잘하는 사람들과 일한다면 이런 일이 가능하다.

셋째, 커뮤니케이션 능력 향상시키기

커뮤니케이션 능력은 몇 번을 강조해도 지나치지 않으며, 상당히 중요하다. 커뮤니케이션이 잘못되면 같은 일을 반복해야 되는 문제가 발생한다. 심한 경우에는 계약이 파기될 수도 있다. 이것은 시간 관리를 떠나 아주 치명적이다.

커뮤니케이션을 잘 하기 위해서는 자신의 업무를 정확하게 파악하고 있는 전문가가 되어야 한다. 자신의 업무를 잘 알고 있는 사람에게 업무 관련 프레젠테이션을 시켜 보라. 그들은 준비 없이 프레젠테이션을 하더라도 처음 듣는 사람도 쉽게 이해하도록 잘 설명한다. 마치 일타 강사처럼 말이다.

그리고 문서를 통한 커뮤니케이션 능력도 길러야 한다. 세일즈맨에게 문자와 카톡을 통한 커뮤니케이션도 중요하다. 이를 향상시키기 위해서는 평소에 독서와 글쓰기를 꾸준히 하는 것이 좋다.

자동차 세일즈는 고객에게 견적서를 쉽게 해석해 드려야 한다. 해석이라고 말하는 이유는 고객들에게 견적서는 매우 어렵다. 세일즈맨 초보일 때 견적을 제공하고, 견적을 다시 설명하는 데 많은 시간을 허비했다.

그러나 전문가로 성장한 지금은 견적서를 잘 해석해 드린다. 고객께서 완벽하게 이해하고 바로 고! 하실 수 있게 말이다. 그리고 고객이 견적의 수정이 필요할 때 세일즈맨에게 요청하는 사항이 명확해진다. 그 이유는 견적을 정확하게 이해했기 때문이다. 그럼 나는 커뮤니케이션이 수월해지고 결과적으로 시간을 절약할 수 있다.

넷째, 주어진 시간을 최대한 활용한다

고객의 주말은 소중하다. 그리고 주말부부인 내게도 주말은 소중하다. 이틀의 주말 중 하루는 포항에서 보내고 싶었다. 그리고 동탄에서 근무하는 시간을 최대한 효율적으로 활용하고 싶었다. 그렇기 때문에 고객이 편안한 시간을 파악하고 미팅을 잡으려고 노력했다. 그러나 고객에게 편안한 시간은 세일즈맨이 노력해서 만들어 내야 하는 시간이기도 했다.

대부분의 고객은 주말에 가족과 시간을 보내야 하기 때문에 평일에 선호하는 시간을 찾았다. 직장인은 퇴근 이후 17~22시 사이가 편안한 시간이며, 장사하시는 분들은 가게 종료 시간인 밤 10시 이후 시간 또는 이른 아침 시간이 적합했다. 이 시간대를 활용하기 위해서는, 평일 저녁에 개인적인 모임이나 술자리 등 다른 약속을 잡으면 안 되었다. 그리고 판매량을 유지하며 포항에 있는 가족과 시간을 확보하기 위한 시간 관리 측면에서 평일 시간대 활용은 큰 도움이 되었다.

다섯째, 효율을 위해서는 비용을 지불해라.

내가 직접 해야 하는 업무를 줄이고 평일에 스케줄을 효율적으로 사용했더니 더 줄일 수 있는 부분이 눈에 들어왔다. 일단 차량이었다. 포항과 동탄을 왕복하면서 사용하던 전기차는 어댑티브 크루즈 기능이 없어, 왕복 6시간 이상 직접 운전해야 했다. 그리고 충전 문제로 인해 당일 왕복이 불가능했고 겨울에는 고속도로 휴게소에서 30분 혹은 1시간씩 충전을 해야 했다.

나는 이렇게 낭비하는 시간을 업무와 가족에게 더 사용하고 싶었다. 그래서 어댑티브 크루즈 기능이 있는 내연기관 차량으로 교체했고, 가족을 만나러 가는 길이 편안해졌다.

그리고 나는 차량을 고객에게 방문 인도를 할 때 평택, 서울 정도 거리에서 돌아오는 길에는 택시를 이용한다. 물론 장거리 차량 인도의 경우 출퇴근 시간을 피하고 있다. 비용은 최대 5만 원 정도까지 지불할 생각으로 움직인다. 돌아오는 시간을 아낄 수 있고 기사가 운전하는 차를 타고 잠시 나의 업무를 할 수도 있다.

아울러 잠시 휴식을 취할 수 있는 시간이기에 나는 비용을 아끼지 않고 지불하고 있다. 이렇게 이동하는 나에게 비용 절감을 말하는 사람도 있겠지만 시간을 아끼고 잠시 휴식하는 것도 결과적으로 비용을 아끼는 것이다. 나의 컨디션을 좋게 유지하면 더 많은 판매 기회에 가까이 갈 수 있다.

다섯 가지 방법들은 나를 더 효율적인 일하는 세일즈맨으로 만들어 주었다. 한 달에 30대가 넘는 차량을 판매하더라도, 나는 16일은 동탄에서 근무하고 14일은 포항에서 가족들과 함께할 수 있었다. 아들의 어린이집 첫 등곳길, 체육대회, 가족과의 주말 나들이 등 매주 주말 중 하루는 포항에서 가족과 함께 지낼 수 있었다. 또한, 나는 활용 가능한 여유시간을 추가로 만들어 낼 수 있었으며, 소중한 습관들을 스스로에게 선물할 수 있었다.

3.

저항을 제거해야
습관이 된다

　주말부부가 시작되고 매주 600km가 넘는 동탄 포항을 오가는 것이 일상이 되었지만, 효율적인 시간 관리를 통해 바쁘지만 바쁘지 않은 생활을 할 수 있었다. 세일즈 경력이 2년 차가 되는 2021년도에 나의 일 근육은 잘 성장해 있었다. 스스로 평가해 보면 일에 대한 레버리지 개념도 잘 적용했고, 실적 압박에 대한 부분도 단단하게 잘 성장해 있었다.

　21년도 새해가 밝았고 누구나 매년 초 계획을 세우듯이 나도 신년 계획을 세웠다. 나에게 특별한 계획이 있었는데, 그것은 피아노를 배우는 것이었다. 목적은 와이프 생일에 피아노를 치며 노래를 불러 주고 싶었다. 주말부부로 떨어져서 살아야 하는 와이프에게 깜짝 선물을 하고 싶었다.

　그 감동적인 선물을 위해 나는 즉시 오피스텔에 설치할 피아노를 검색하여 구입했다. 그리고 동탄 주변에 성인 피아노 학원을 검색했다. 다행히도 동탄 1 신도시에 성인 피아노 학원이 있었다. 바로 예약하고 방문했으며, 상담을 받고 등록했다. 피아노 레슨 시간은 내가 편안한 시간에 예약할 수 있었다. 늦은 시간까지 연습실이 오픈되어 있어 업무가 늦은 시간에 끝나는 나에게 정말 편리한 학원이었다.

그리고 구매한 전자 피아노도 일정보다 빠르게 도착했다. 새해 첫날, 전시장에 방문한 손님이 내 피아노 택배인 것이다. 너무나 신나고 즐거운 일들이 시작되고 있었다. 그리고 이 모든 것은 와이프에게 비밀이었다.

그러나 작심삼일이라고 했던가? 첫 수업을 받고, 연습은 정말 신이 났다. 오피스텔에서 아침 시간에는 헤드셋 없이, 저녁 시간에는 헤드셋을 착용하고 늦은 시간까지 피아노 연습을 했다. 그러나 몇 주일이 지나고 갑작스러운 업무 일정으로 인해 수업을 빠지게 되는 일이 발생했다. 그리고 또 얼마 후에는 1주일 내내 연습을 한 번도 하지 않았고, 수업에도 계속 빠지게 되었다. 시간이 좀 더 지나서는 피아노 레슨을 받으러 가는 일이 귀찮아지게 되고 추가 수강 신청을 하지 않게 되었다.

그렇게 나의 신년 계획은 실패로 끝났다. 무엇이 문제였을까? 사실 효율적으로 내 스케줄을 관리해서 피아노를 배운다는 것과 와이프의 생일선물로 연주를 해 준다는 것은 상당히 의미가 있고 행복한 일이었고 충분히 동기부여가 되는 일이었다. 주말부부라서 생겨나는 시간은 나에게 업무에 더 집중할 수 있는 기회였고, 가족들의 배려로 만들어진 값진 시간이기도 했다. 이런 소중한 시간을 너무 가볍게 날려 버린 것 같아 속상했다.

나는 실패의 원인을 고민해 보았다. 첫 번째 원인은, 학원의 위치였다. 내가 근무하는 곳은 동탄 2신도시이고 피아노 레슨을 받는 곳은 동탄 1신도시였다. 거리가 멀다는 것은, 운전해야 하며 이동시간을 써야 한다는 것이다. 두 번째는 기계식 주차장이었다. 주차를 감안하여 더 일찍 출발해야 했고 차를 찾아 돌아올 때에도 더 많은 시간이 소요되었다.

셋 째번는 나의 마음가짐과 동기부여의 문제였다. 자주 레슨에 참여하여 진도를 나가야 하는데, 계속해서 같은 부분을 반복하고 있었던 것이다. 결과적으로 강력했던 동기부여는 약해지고 흥미가 사라졌다. 원인을 짚어 보니 그냥 변명 같다는 생각이 들었다. 당시 실패를 분석만 하고 심각하게 생각하지 않았다. 그냥 그렇게 나의 피아노를 배워 와이프를 놀라게 해 주겠다는 야심찬은 두 달 만에 막을 내렸다.

긴 시간이 지나지 않아 다시 피아노를 배울 수 있는 기회가 찾아왔다. 어느 날 대리점에 퇴직을 앞둔 아버지가 딸에게 차를 선물하기 위해 함께 두 분이 방문하셨다. 상담하면서 추가하고 싶은 옵션이 있었지만 아버지는 예산이 부족해 고민을 하고 계셨다. 따님은 카페 아르바이트와 피아노, 트롬본 레슨을 한다고 했다. 그때 번뜩 잊고 있었던 피아노가 생각이 났다.

나는 피아노 레슨을 해 주시면 원하시는 옵션을 무료로 제공해 드리겠다고 제안 드렸다. 그날 상담실에서 피아노를 배우게 된 이유, 여태껏 제대로 배우지 못하고 실패로 끝난 스토리와 꼭 성공하고 싶은 의지를 말씀드렸다. 그리고 고객님께서 나를 도와줄 수 있는지 확인하고 확답을 받았다. 그 결과 아버님은 딸이 원하는 등급과 옵션의 차량을 선물할 수 있게 되었고, 나는 3달 동안 피아노 레슨을 받을 수 있게 되었다.

나는 다시 실패하고 싶지 않았다. 나 자신과 약속을 지키고 와이프에게 멋진 생일 선물을 할 수 있는 다시 찾아온 기회였기 때문이다. 과거 실패 원인 3가지를 보완하여 레슨을 준비했다.

먼저 연습실은 동탄 2신도시에 위치할 것, 그리고 주차에 대한 스트레스가 없는 장소로 연습실을 잡아 주실 것 그리고 흥미를 계속 느낄 수 있도록 한 곡을 먼저 마스터하게 이끌어 주실 것을 당부했다. 결과적으로 나는 와이프 생일 아침에 이적의 '다행이다'라는 곡을 피아노로 연주하며 노래를 불러 주었다. 참 행복한 일이지 않은가? 와이프에게도 잊지 못할 선물이 되었을 것이다.

나는 2021년도에 피아노를 배우며 습관을 만드는 것에 관해 큰 깨달음을 얻었다. 습관을 만드는 나만의 방법을 터득한 것이다. 습관화하고 지속하기 위해서는 '저항을 줄여야 한다는 것'이었다. 우리는 무언가를 시작할 때, 나는 반드시 해내고 말 것이라는 큰 다짐을 하지만 이 다짐은 오래가지 않는다. 내가 찾은 저항을 줄이는 방법으로 습관을 만들어 보길 추천한다. 레슨을 받으러 가는 길이 멀다는 것, 주차가 불편하다는 것은 내게 크고 작은 저항이 된 것이었고, 이 저항을 제거했다. 가깝고 주차가 편안한 곳에서 레슨을 받으면서 불편함이 없는 환경을 만들었던 것이다. 무언가를 배우고, 습관화하고 싶다면 먼저 저항을 제거해야 한다.

4.

습관을 유지하려면
적절한 보상을 주라

피아노를 배우는 과정에서 깨달은 습관 만들기 방법으로 쉽게 습관을 하나 만들게 되면, 시간을 더욱 효율적으로 활용할 수 있다. 세일즈맨의 하루, 일주일, 한 달이라는 스케줄을 계획하고 스케줄이 비워진 곳에 내가 원하는 습관을 끼워 넣기만 하면 되는 것이다. 마치 빈 공간에 블록을 하나씩 끼워 넣는 것처럼, 빈 시간에 내 습관을 끼워 넣기만 하면 되는 것이었다.

한동안 바쁘게 움직였는지, 컨디션이 좋지 않은 상태에서 업무를 할 때가 있었다. 오랜만에 나를 만난 대표님께서 건강 관련 책을 선물해 주셨다. 일이 바쁘기도 했지만 건강이라는 부분을 생각하지 않고 열심히 움직이던 때였다. 아마도 그분이 내 건강을 걱정하셨던 것 같다.

책에는 건강과 외모를 위해 꾸준한 운동을 해야 한다는 내용이 있었다. 책을 읽는 동안 거울에 비친 내 모습을 바라보니 내가 상상하는 활기차고 멋진 모습은 실종된 상태였다. 볼록한 올챙이배와 흙빛의 얼굴을 가진 40대 아저씨가 내 앞에 서 있었다. 그 순간은 나에게 큰 충격이었다. 평소에 내가 생각하던 나의 모습은 거울에 비친 그 모습이 아니었기 때문이다. 나는 그 책을 다 읽기도 전에 운동을 하겠다고 결심을 했다.

어떤 운동을 해야 할까? 고민을 할 필요가 없었다. 지금 읽고 있는 책에는 헬스장에서 운동해야 하는 이유, PT의 효과 그리고 운동하며 흘리는 땀이 만들어 주는 긍정적인 효과가 잘 설명되어 있었다. 망가져 버린 내 외모와 건강 상태를 확인한 나는 당장 움직여야만 했다.

그렇다면 어디에 있는 헬스장을 찾아야 할까? 유명한 곳을 찾아야 할까? 비용이 적게 드는 곳을 찾아야 할까? 누구에게 PT를 받아야 할까? 사실 이런 고민이 이제는 중요하지 않았다. 왜냐하면 내가 운동을 시작하고 습관화하는데, 걸림돌이 될 만한 것들을 먼저 제거해야 한다는 것을 알고 있었기 때문이다.

이것은 내가 깨달은 새로운 습관을 편안하게 정착 시키는데 중요한 부분이다. 내 입장에서 생각해 보면 최대한 가까운 곳, 그리고 전시장에서 걸어갈 수 있다면 더 좋다. 만약 차를 가지고 이동해야 한다면 주차가 편리한 곳, PT를 진행해 주시는 코치님이 전문가인 것은 기본인 것이다. 비싼 비용을 지불하며 받는 PT라도 나는 처음부터 무리해서 바디 프로필이나 근육질의 몸매를 만들려고 하지 않았다. 운동의 성과보다 운동 습관 자체가 더 중요했기 때문이다.

그리고 위의 조건을 충족한다면 비용이 높더라도 내가 받을 저항이 가장 적은 곳을 선택하려고 했다. 저렴한 곳을 찾는데 성공한다 해도 많은 회원이 있다면 동기부여가 될 수 있겠지만, 운동기구를 사용하는데 기다려야 하는 불편함이 따를 수 있기 때문이다. 불필요한 저항을 이기려고 노력해야 하지 말고 제거하고 시작하는 것이 중요하다.

내가 운동하러 가는 길에 무엇인가 고민하게 된다는 것은 곧 저항을 의미한다. 습관을 만드는데, 걸림돌이 된다는 것이다. 몇만 원 저렴하고 가성비 좋은 곳을 찾았다고 처음에는 기뻐할 수도 있다. 그러나 그 기쁨은 방금 지나가 버린 과거이다. 앞으로 내가 헬스장을 찾을 때마다 먼 곳을 이동해야 하고 주차라는 스트레스 때문에 운동을 하는 것에 동기부여를 잃어버릴 확률이 높다. 이렇게 실패해서 돈과 시간을 버릴 바에는 조금 비용을 쓰더라도 당신이 노력해서 저항을 뚫어 내지 않아도 되는 가까운 곳이나 이동하는데 고민하지 않아도 되는 곳을 선택하기를 나는 강력히 추천한다.

습관 만들기에서 현명한 소비와 가성비란? 실패 없이 내가 원하는 결과를 얻는 것이라고 나는 생각한다. 나는 운동이라는 습관을 만들면서 처음 내가 계획한 것에만 집중했다. 바디 프로필이나 근육질의 몸매 만들기 위한 무리한 목표 설정보다는 내게 현재 필요한 부분, 외모 관리, 피부 톤 관리, 정장을 입었을 때 좋은 핏을 만들어 줄 수 있는 운동으로 설계하고 꾸준하게 습관화했다. 그리고 PT를 담당하는 코치님에게도 나의 의도를 정확히 전달하고, 집중해 줄 것을 요청했다.

가끔 우리는 주변을 의식해 오버 페이스에 빠지는 경우가 있다. 나는 이 부분을 철저히 배제했다. 내가 운동을 시작한 이유는 명확했기 때문이다. 내가 원하는 결과를 얻는 것에만 집중했다. 절대 남을 의식해 자신에게 필요치 않는 그 이상을 위해 노력하는 일이 없어야 한다.

나는 1시간 운동으로 건강관리를 할 수 있는 작은 습관 블록 하나를 만들게 것이다. 이 블록은 오전, 오후 그리고 퇴근 후 밤 시간이라도 언제든지 내가 원하는 스케줄에 끼워 넣을 수 있다.

습관화에 성공하게 되니 또 다른 블록을 만들고 싶어졌다. 책을 읽는 것을 좋아하는 나는 스케줄이 비어 있는 시간에 독서를 하고 있었다. 보통 독서를 하는 시간은 대리점 당직 근무 때와 스케줄과 스케줄 사이 빈 시간이었다.

차량을 인도하기 위해 대기해야 하는 시간에도 용품숍에서 책을 읽었다. 그리고 고객과의 미팅 장소에 일찍 도착하면 차 안에서도 독서를 했다. 나는 불규칙했던 독서 시간을 운동처럼 습관 블록으로 만들고 싶었다. 매일 더 집중해서 책을 읽고 싶었기 때문이다. 그래서 점심시간에 집중적으로 독서를 해 보기로 했다.

그래서 독서를 하면서 점심 식사를 할 수 있는 장소를 찾아보기 시작했다. 중국집이나 국밥집에서는 독서가 불가능하지만, 카페에서 브런치로 점심 식사를 하면서는 독서할 수 있다. 그래서 독서하며 브런치를 먹기 좋은 카페를 찾아보기 시작했다.

숲이 보이고 뷰가 좋은 곳, 브런치가 맛있는 곳, 이동하기 편리한 곳, 주차가 좋은 곳을 선정하고 실제로 한 카페를 방문해 보았다. 역시 인기가 많은 곳은 손님들이 많았고 소음도 엄청났으며, 자리를 찾아 앉는 것조차 힘들었다. 그리고 방문할 때마다 계획하고 움직이는 내 모습에 이건 저항이다는 생각이 들었다. 이렇게 인지한 이상 저항 없이 이동할 수 있는 새로운 곳을 찾아야 했다.

브런치와 전망 좋은 카페를 포기하고 대리점에서 가장 가까운 카페를 찾았다. 다행히 우리 전시장 길 건너편에 이*아커피숍이 있었다. 이동하는 데 노력이 필요 없고 주차에 대한 스트레스도 없으며, 갑자기 고객이 찾아오면 언제든지 뛰어나갈 수 있는 장소여서 더 좋아 보였다. 몇 번 방문을 했더니 점심시간 이전에는 조용했고, 방문할 때마다 항상 나의 고정 자리를 확보할 수 있었다. 그리고 어떤 시간이 조용하고 집중력을 높일 수 있는지 알게 되었다.

그렇게 이곳에서 점심으로 샌드위치나 빵과 커피를 마시며 적게는 1시간, 혹은 1시간 30분 정도 독서하는 시간을 만들 수 있게 되었다. 업무를 하다 보면 점심시간을 지키지 못하는 경우도 있지만 꼭 점심시간이 아니더라도 오후 시간에도 집중 독서를 할 수 있는 공간이 생긴 것이다.

나는 점심 독서라는 습관 블록을 하나 더 만들 수 있게 되었다. 매달 몇 권의 책을 읽겠다는 목표는 없지만 자투리 시간을 통해 독서를 하던 내게 하루 1시간 집중적으로 독서를 할 수 있는 시간을 갖게 된 것이다. 나아가 이 시간은 읽은 책에 대한 리뷰를 남기는 블로그와 인스타그램을 운영하게 되는 계기가 되었다.

나의 생각을 글로 옮긴다는 것은 남들에게 보여 주기 부끄러운 일일 수도 있지만 좋은 책에서 얻은 영감을 더 오래 기억하게 해 주고, 생각을 표현하는 능력을 키워 주었다. 또한, 고객과의 상담에서도 다양하고 적합한 용어를 선택하고, 제품을 더 매력적으로 설명할 수 있는 품격 있는 표현도 할 수 있게 되었다. 그것은 더 매력적인 세일즈맨이 될 수 있는 방법이기도 했다.

그리고 이 독서와 글쓰기 습관 블록을 통해 2023년도에는 '판매왕의 세일즈 시크릿'이라는 책을 출간하게 되었다. 이 모든 것이 점심시간을 활용해 하루 1시간 책 읽는 습관 블록을 만들어 낸 결과였다.

습관 만들기가 연속해서 성공하게 되니 자투리 시간들을 더 활용하고 싶은 욕심이 생겼다. 나는 당시 주말부부였고, 매주 왕복 6시간 넘는 시간을 운전해야 했다. 보통 새벽시간과 늦은 밤에 이동을 했기 때문에 이 시간은 정말 혼자 있는 시간이었다. 운전은 무조건 해야 했으므로, 저항이 없이 소비할 수 있는 시간이었다.

나는 운전하며 할 수 있는 새로운 습관을 찾기 시작했다. 운전하는 이유는 이동이라는 분명한 목적이 있지만 반복되는 6시간을 활용할 수 있다고 생각한 것은 나에게 큰 행운이었다. 하지만 매주 운전하며 즐거운 음악을 듣고 긍정적인 생각을 하는 것은 너무 어려운 숙제처럼 느껴졌다. 고민 끝에 이 황금 같은 시간에 유튜브를 활용하기로 했다.

운전하는 동안 명서 리뷰나 성공한 사람들의 이야기를 유튜브로 듣기 시작했다. 내가 닮고 싶어 하는 사람들의 이야기는 나를 동기부여하기에 충분했고, 부족하고 계발하고 싶은 부분을 보완하기 위해 먼저 경험한 사람들의 이야기를 들으면서 나에게 적용할 부분을 찾았다.

차 안에서 수많은 성공한 사람들을 간접적으로 만났고 그들의 이야기를 들었다. 그렇게 나도 모르게 그들의 모습을 닮아 가며 성장하고 있었다. 숙제 같은 장거리 운전이 나에게는 더 가치 있고 소중한 시간이 되어 가고 있었다. 마치 미라클 모닝과 같은 미라클 드라이브를 만들어 낸 것이다.

저항을 제거해서 습관을 만드는 방법과 반복적으로 행동해야 하는 시간에 습관을 더하는 방법은 효율적으로 시간을 활용하고, 그 반복되는 일상을 더 가치 있게 하는 방법이라는 것을 깨닫게 되었다.

5.

습관 + 습관
= 시간활용 극대화!

성공적인 시간 관리를 하기 위해서는 내가 만든 이 습관 블록들을 자유자재로 활용할 수 있어야 한다. 건강을 위한 습관 블록, 성장을 위한 습관 블록, 일상에 대한 습관 블록 그리고 업무에 대한 습관 블록들을 시간 단위로 설정하여 관리할 수 있어야 한다. 이렇게 읽는 것만으로도 우리들의 시간 관리 습관이 만들어지고 쉽게 정착할 수 있다면 얼마나 좋을까? 이 습관을 내 것으로 만들기 위해서는 직접 실행해야 하고 개선과 보완 후 다시 실행을 하는 과정을 거쳐야 한다.

좋은 습관 블록을 만드는 것에 성공했다면 매일 밤 잠들기 전에 내일 할 일을 계획하는 시간을 가져야 한다. 이 부분을 강조하지 않아도 이미 실행하는 사람들이 있겠지만 그렇지 않은 사람들에게는 시간 관리 외에도 자신을 성장시킬 수 있는 상당히 소중한 방법들이 녹여져 있기에 강력히 추천하는 방법이다.

내일 예정된 업무와 스케줄을 미리 확인하고 나의 습관 블록들을 빈 시간에 끼워 넣으면서 계획을 세워야 한다. 나는 1시간 단위로 그 계획을 세우고 실행한다. 물론 처음부터 강박을 갖고 중요한 일을 하지 않으면서, 꼭 나의 스타일대로 맞추라는 것은 아니지만 전날 밤에 다음 날에 무엇을 해야 하는지 시간을 어떻게 사용할지를 계획한다면 우리는 자연스럽게 그렇게 움직이게 되어 있다. 가능하면 처음에는 스마트폰 캘린더보다는 다이어리나 자신의 메모장에 내일 할 일을 시간 단위별로 계획하고 적어 둘 것을 추천한다.

그리고 다음 날에는 내 계획대로 하루를 이끌어 가려고 인지하고 노력해야 한다. 누구나 업무 특성상 갑자기 만들어지는 이벤트들이 있겠지만 우선순위를 고려하여 움직이면 된다. 처음에는 너무 계획을 망치면 안 된다는 생각으로 중요한 것을 하지 않는 우는 범하지는 말아야 한다. 시간이 지나서 시간을 잘 활용하게 되는 능력이 생기게 되면 일상에서 갑작스러운 이벤트가 발생하더라도 유연하게 대응하는 내 모습을 만나게 될 것이다.

이러한 습관은 업무 일정이 어느 정도 정해져 있는 회사원이 더 쉽게 장착할 수 있겠지만, 실행하지 않는다면 발전은 없다. 좋은 습관 블록을 미리 만들어 두었다면 하루를 활용함에 있어 더 밀도 높게 잘 활용할 수 있게 된다.

잠자리에 들기 전에 내가 계획한 일에 관한 리뷰 시간을 가져야 하며, 계획했으나 완료하지 못한 일들이 무엇인지 확인해야 한다. 내가 계획한 시간보다 더 긴 시간이 필요했던 일, 계획했던 시간보다 더 짧은 시간으로 완료한 일들을 확인하면서 일에 대한 나의 능력치를 객관적으로 평가해야 한다. 다음 날 시간 계획을 세울 때 어제의 능력치를 감안하여 계획한다면 더 매끄럽고 계획적인 하루를 보낼 수 있다.

그리고 리뷰 시간에는 스스로 꼭 하지 않아도 되는, 다시 말해 위임 가능한 일이나 외주로 돌릴 수 있는 일들을 찾아내야 한다. 외주화를 통해 시간을 더 확보할 수 있다면 그 일은 직접 해야 하는 일에서 과감하게 제외해야 한다. 스스로 하는 것보다 더 품질이 높은 결과를 만들어 낼 수 있다면 위임하고, 외주화하는 비용에 대해 너무 아까워하지 않았으면 한다. 위임한 시간을 나의 시간으로 활용할 수 있고 업무 품질 향상은 물론 나아가 더 큰 성과를 만들어낼 수 있는 기회가 된다. 내 일에 집중하여 성과를 높일 수 있다면 과감하게 외주화를 실행하길 추천한다.

성공하는 삶이란 특별한 것이 없다.

똑같이 주어진 시간 안에서 더 많이 배우고

더 많이 성장하는 삶

그것이 성공한 삶이다

- 『이기는 습관』, 보도 섀퍼

한 달 정도 계획을 세우고 이 패턴을 반복하다 보면 시간 활용을 잘하는 내 모습을 발견하게 될 것이라 믿어 의심치 않는다. 그리고 나도 모르게 조금씩 내가 하고 싶었던 것들을 습관 블록을 만들어 가는 모습을 발견하게 될 것이다. 작은 성취와 성장하는 자신의 모습을 바라보는 것이 삶의 기쁨이라는 것을 아는 사람이 많지 않은 것 같다. 나는 이 경험을 통해 이 과정이 얼마나 행복한 일인지 알게 되었다.

책과 영상으로 타인의 경험을 접한다고 해서 이 과정의 행복을 아는 것은 불가능하다. 시간 관리에서 오는 성취감을 느끼고 싶다면 의도적으로 최소 보름 정도는 계획, 실행, 분석 및 개선하고 다시 계획~개선이라는 패턴에 도전하라고 강력히 추천하고 싶다.

나는 시간 관리를 통해 느낀 성취와 성장하는 과정에서 얻은 소중한 기쁨을 세일즈 현장에서도 적용한다. 이 기쁨을 고객들도 느꼈으면 하는 바람이다. 바쁜 세일즈맨으로 지내면서 나는 구매 과정의 기쁨을 느껴 볼 겨를이 없었다. 바쁜 일상 속에 인터넷이나 지인 추천으로 대부분의 물건을 구매했고, 과정을 신속하게 마무리했다. 지금 생각해 보면 제품을 판매하는 일을 하면서 제품을 구매하면서 느끼는 행복의 소중함을 간과하며 지냈던 것이다.

자동차 세일즈맨의 할 일은 고객이 선택하신 제품을 문제없이 잘 준비해서 제공하는 것이다. 간단명료한 업무라고도 할 수 있다. 그러나 훌륭한 세일즈맨은 고객이 선택한 제품을 신속, 정확하게 전달하는 것은 물론, 그 과정을 더 즐겁고 기억에 남는 의미 있는 시간으로 만들어 드려야 한다고 깨닫게 되었다. 이후로 나는 전자제품이나 스마트폰 등을 구매하기 위해 직접 매장을 방문하며, 나와 같은 일을 하는 사람들에게 완전한 일반 소비자로 다가갔다.

물론 이 과정에서 의도적으로 전혀 사전 스터디를 하지 않고 방문을 하기도 하고, 사전에 열심히 정보를 얻고 난 후 방문하기도 했다. 그들의 세일즈 방식을 경험하며 장단점을 여과 없이 느끼게 되었고, 좋은 점은 내 업무 방식에 적극적으로 적용해 보는 소중한 시간이 되기도 했다. 구매 과정에서 어떻게 하면 고객들이 더 기쁨을 느낄 수 있을지 직접 소비자가 되어 분석하는 시간도 가졌다.

작은 제품 하나를 구매하더라도 '고객들을 기쁘게 그리고 행복한 기억으로 남도록 하는 방법은 무엇일까?'라는 고민을 한다. 처음에는 차별화된 전문적인 제품 설명과 어려운 견적을 쉽게 해석해 드리는 일, 그리고 친절한 응대가 그 방법이었지만 구매 과정에 대한 특별한 기억과 기쁨을 드리기는 어려웠던 것 같다.

내가 찾고자 한 것은 행복함과 기쁨이었다. 차량을 구매하신 고객에서 앞서 설명드린 책 선물 이외에도 또 하나의 선물을 드린다. 차량 1대를 출고하게 되면 나는 1만 원을 기부하고 있다. 나의 이름으로 5천 원, 고객님 명의로 5천 원을 기부하고 있다. 고객께 차량을 인도 드리면서, 이 차는 기부를 통해 선한 영향력을 갖고 만나게 되는 것이라고 강조 드리며 고객님과 함께 이 세상을 행복하게 누비게 될 것이라고 진심을 담아 말씀드린다. 이렇게 차를 구매하는 것만으로도 기쁜 고객에게 그 과정을 더 행복하게 해드릴 수 있는 것이다.

이것은 시간 관리 과정에서 내가 성장하는 기쁨을 어떻게 하면 세일즈 활동에 다시 말해 고객의 구매 과정에 녹을 수 있을지 고민한 결과이다. 그리고 나는 안다. 내가 드린 이 행복한 경험은 고객들의 가족과 지인들에게도 잘 전달될 것이라는 것을 말이다. 왜냐하면 내 고객들은 그 과정에서 행복을 찾게 되는 방법을 알게 되었으니!

인생을 살아가면서 좋은 선배가 되고 좋은 친구가 되고 좋은 리더가 되어가는 방법은, 나의 삶의 여정에서 좋은 사람을 만나 좋은 기억을 통해 행복을 느낀 경험이 있어야 한다고 생각한다. 그래야만 내가 영향을 주고받는 사람들에게 나의 행복감을 전달할 수 있고 함께하는 고객과 주변인에게 더 긍정적인 영향을 주는 멋진 사람으로 성장할 수 있다. 즉, 직접 경험을 통해 느껴야만 당신이 그것을 소중한 사람들에게 선물할 수 있는 것이다.

이렇게 저항을 줄여 쉽게 습관화하는 방법과 계획적으로 시간을 사용하는 방법을 터득하고 나서 나의 생활에 많은 변화가 생겼다 매일 아침 출근 시간 차 안에서는 글로벌 경제 뉴스를 시청하는 습관이 생겼다. 이로 인해 경제의 흐름에 관심을 가질 수 있게 되었다. 금리의 흐름과 유가의 흐름에 대한 정보는 차량을 구매하려는 고객들의 의사결정을 객관적인 정보를 통해 도울 수 있게 되었고 이것은 세일즈맨으로서 또 하나의 강력한 무기가 되었다.

점심시간 꾸준한 독서를 통해 나는 매달 5권 이상의 책을 읽으며 인스타 팔로워들과 소중한 생각 나눔을 할 수 있는 사람으로 성장했다. 그냥 책을 읽고 느낀 점을 적어 내려가는 것이 중요한 것이 아니라, 내 생각을 잘 정리하여 말할 수 있는 능력을 향상시키는 것이고 최근 카톡이나 문자로 고객과 커뮤니케이션을 해야 하는 일이 많아지는데, 문서를 통한 커뮤니케이션 능력을 향상시켜 준다.

이 커뮤니케이션 능력은 단순히 말만 잘하는 것이 아니라 고객을 정확히 이해시켜 드리는 능력이다. 이해도가 높아진 고객은 추가 질문도 명확하게 할 수 있고 답변 또한 명확하게 해드릴 수 있다. 커뮤니케이션 업무 부담은 줄이고 세일즈 성공 확률은 높일 수 있다.

그리고 꾸준한 운동은 정장이 잘 어울리는 내 외모를 만들어 주었고 밝은 피부 톤을 가지게 해주었다. 외모에 너무 신경을 쓰는 것은 문제가 될 수 있지만 모든 이들이 가장 먼저 당신을 판단하는 것은 외모라는 것을 잊지 말아야 한다. 깔끔하고 밸런스 잡힌 외모는 고객들에게 호감을 주는 것 외에도 스스로의 자신감을 올려 주는 중요한 부분이다.

습관 블록을 통해 시간 관리를 한 결과, 성장하는 나의 모습 발견하게 되고 성취를 자주 느낄수록 나의 주변 환경은 긍정적으로 변하고 있다. 물론 계속 이런 느낌을 받고 싶어서 오늘도 잠자기 전에 내일 하루를 계획하고 내가 더 잘할 수 있는 부분을 생각한다. 그리고 실행하고 또 개선하여 저항 없는 내 것으로 만들어 가고 있다. 이런 생활이 지속될수록 나의 표정은 더 밝아지고 매사에 자신감이 생겼다. 결과적으로 긍정적인 선순환이 되어 더 많은 실적으로 더 큰 성공을 향해 나 자신을 믿고 나아갈 수 있는 에너지가 되고 있다.

6.

가족과 주변에
선한 영향력을 펼쳐라

이 글을 쓰는 동안 4년이라는 주말부부 생활이 드디어 끝났다. 이 기간 동안 습관을 통한 시간 관리법을 터득하지 못했다면 아마도 가정에서 혹은 일터에서 아니면 내 건강에서 이상 신호가 왔을 수도 있다. 저항을 줄여 쉽게 습관화하는 방식과 내 시간 관리에 습관 블록을 만들어 적용한 방법은 내 삶의 여러 곳에 도움을 주었다.

와이프의 서울 발령 소식과 가족들이 다시 이사 온다는 소식을 들었을 때 살아오면서 처음으로 나 자신을 칭찬했다. 나는 4년 동안 한 주도 빠짐 없이 포항과 동탄을 왕복했다. 매주 600km가 넘는 거리를 4년 동안 운전했다는 것보다, 매주 가족을 만나겠다고 다짐한 약속을 지킨 것이 스스로 정말 대단하고 대견했다.

한편으로긴 시간 운전하며 나를 성장시킨 미라클 드라이브를 더 이상 할
수 없다는 사실이 아쉬웠고 홀로 지내며 시간을 자유롭게 활용할 수 있었
던 내 일상이 더 이상 나만의 시간이 아니라는 사실이 아쉬웠다. 가족들과
더 긴밀하게 그리고 함께 시간을 사용해야 하는 새로운 도전과제가 생긴
것이다.

가족들과 함께하는 일상이 시작되었다. 아이들이 있어 동일한 시간대에
잠들고 비슷한 시간대에 아침을 맞이해야 했다. 그렇게 해야 더 자주 얼굴
을 볼 수 있고 대화할 시간이 생긴다는 것을 알게 되었다. 와이프는 이른
아침에 출근하기 때문에 나는 일찍 일어나는 삶을 선택하게 되었다. 우리
부부는 새벽 5시에 일어난다. 와이프가 출근 준비를 하고 6시 10분 정도가
되면 자차를 이용해 출근한다.
　나는 와이프가 복직하는 첫날부터 같은 시간에 일어나고 출근 준비하
는 와이프와 둘만의 대화 시간을 갖기로 했다. 그리고 지하 주차장에 주차
된 와이프의 차까지 동행하여 출근 인사를 한다. 그 후 내가 출근하는 7시
30분 전까지 식탁에 앉아 책을 읽거나 그날 업무 관련 리뷰를 하는 것으로
아침을 시작하게 되었다.
　나는 복직하는 와이프 첫 출근길을 배웅하며 기분이 참 좋았다. 나의 응
원을 받고 출근하는 그녀도 아마 회사에서 더 행복한 하루를 보내지 않을
까 생각했다. 그래서 둘째 날도 셋째 날도 그렇게 배웅하다 보니 지금은 습

관이 되어 버렸다.

나의 기상 시간은 오전 7시였는데, 오전 5시로 2시간이나 당겨졌고 잠자리에 드는 시간도 10시로 맞추려고 노력하고 있다. 모든 가족이 밤 10시만 되면 불 끄고 각자 잠드는 방으로 이동하는 암묵적인 룰이 만들어졌다. 전체적으로 보면 크게 달라진 것은 없다. 하루가 2시간 일찍 시작하는 것뿐이다. 아침 시간을 더 길게 활용하면서 업무도 한 번 더 체크하고 준비할 수 있어서 생산성은 더 올라갔다. 오전에 챙겨야 할 일이 많은 경우 먼저 준비할 수 있고, 한 번 더 생각하는 하루의 시나리오는 계획한 대로 더 잘 움직이게 된다.

기상 시간과 잠자리에 드는 시간을 조정하는 것은 분명 저항일 수 있지만, 가족이 서로 인사하고 응원하며 지지해 주며 느끼는 행복감은 그 저항의 크기를 아주 작게 만들어 주는 것 같다. 주말부부 이전에는 없던 이 모습은, 아마도 함께 살게 되면서 어떻게 하면 행복하고 긍정 에너지를 긴밀하게 주고받을 수 있을지 깊이 고민한 결과인 것 같다.

그리고 이제야 워킹맘인 와이프의 어깨에 높인 다양한 짐을 내가 함께 들어 줄 수 있는 상황이 된 것 같다. 통과의례와 같이 모두가 경험해야 하는 이 시기를 조금은 더 긍정적인 마인드로 지낼 수 있게 해 주는 작은 부분이라는 생각이 든다. 응원하는 나도 응원을 받는 와이프도 행복한 하루를 시작하며, 더 기분 좋은 성과를 낼 수 있을 것 같고 이 긍정적인 에너지가 나와 그녀의 주변에도 전해질 것이라 믿어 의심치 않는다.

주말부부를 끝냄으로써, 업무 현장에서 더 적극적으로 일할 수 있는 기회를 얻었다. 1주일에 4일만 근무하는 방식이 아니라 7일 전체를 활용할 수 있는 여건이 되었다. 더 많은 판매 기회를 얻기 위해 더 많은 고객을 컨택했던 과거 나의 세일즈 방식으로 다시 돌아갈 수 있었다.

아울러 이런 시간적인 여유는 고객의 편의를 위해 직접 찾아뵙는 일도 더 적극적으로 추진할 수 있게 했다. 첫 달부터 이렇게 움직였고, 실적은 기대 이상으로 늘어났다.

고객을 기다리며 시간을 보냈던 초보 세일즈맨 시절과 같이 기계적으로 컨택 하는 횟수를 늘리고 성공 확률을 높여 가는 방법은 비슷하지만, 4년이라는 세일즈 경력이 쌓이면서 나만의 철학이 생겼고 고객의 구매 과정을 더 즐거운 시간으로 선물하는 나의 태도와 방법에 많은 발전이 있었다. 그동안 쌓아왔던 고객들의 감동이 이런 노력 시기에 맞물려 재구매와 소개라는 엄청난 복리로 찾아오는 것을 느낄 수 있었다.

운이 좋게 어려운 시기에 좋은 결과를 만들어 낼 수 있었던 것은 4년이라는 시간 동안, 체계적인 시간 관리가 탑재된 나의 일상 덕분이라고 생각한다. 그리고 나와 인연을 맺어 주신 고객들께 항상 진심으로 감사하게 생각하고 있다.

나는 업무 방식을 먼저 경험한 선배들을 통해 배우고 나에게 맞게 다듬어가면서 좋은 결과를 얻을 수 있었지만, 세일즈맨 동료들에게 나의 업무

방식을 추천하거나 강요하지 않는다. 매일 계획대로 움직이려고 노력하고 체계적으로 업무하는 모습을 주변에서는 누구나가 볼 수 있지만 내가 취하는 시간 관리 방식을 실질적으로 아는 동료들은 없을 것 같다. 아울러 가까운 친구들과 와이프에게도 이 방식을 구체적으로 이야기한 적은 없다. 나에게 좋다고 해서 남들에게도 무조건 좋은 약이 되는 것은 아니란 것을 나는 알고 있기 때문이다.

결국 시간 관리 방식은 본인에게 적합한 각자의 방식이 있는 법이다. 지금 내가 입고 있는 이 멋있고 편안한 옷을 다른 사람은 불편하게 느낄 수 있고 내가 좋은 결과를 낸 방식이라고 해도 그 사람에게 어울리지 않는 것이라면 강력한 무기가 될 수 없다.

특히 현재 시간 관리가 필요하지 않은 사람들에게 추천한다는 것은 더욱더 아무런 도움이 되지 않을 것이다. 그렇기 때문에 내가 시간 관리 방식을 통해 좋은 결과를 냈다고 해서 주변에 있는 동료들이나 지인들에게 강요하듯이 그리고 자랑삼아 이야기하지 않는다. 그러나 이 방식을 책으로 남기는 이유는 지금 시간 관리가 필요한 사람들과 필요한 습관을 꼭 만들어야 하는데 어려움을 겪고 있는 분들에게 분명 도움이 될 것이라 생각하기 때문이다.

이 책이 출간되면서 시간 관리가 꼭 필요한 분들에게는 다시 시작하는 작은 동기부여가 되었으면 하는 바람이다. 그리고 이 방식으로 성과를 얻었다면 자신에게 맞게 업그레이드한 방법을 또 누군가에게 전수해 주면 좋겠다. 성공적인 사례와 성장하는 사람들에 의해 계속해서 발전하는 시간 관리 방식을 통해 많은 사람들이 더 생산적인 하루를 보내고 성장하여 자신이 원하는 삶의 목표를 성취하는 행복을 느낄 수 있기를 바란다.

누군가가 자신의 인생을 변화시키고 싶다고 조언을 구하면 많은 이들은 주변 사람을 바꾸고 환경을 바꾸라고 조언한다. 그러나 그런 환경을 바꿀 수 없는 상황이라면, 자신의 시간을 다른 방법으로 쓰고 품질을 높이라고 조언하고 싶다. 시간을 소중하게 사용하는 사람들은 성장하는 자신을 만날 수 있으며, 원하는 것을 성취하게 되고 자연스럽게 긍정적인 마인드 셋을 얻게 된다. 그렇게 시간이 지나면서 환경이 바뀌고 주변이 행복해지고 눈부시게 성장한 당신을 마주하게 될 것이라고 나는 믿는다.

식습관이
당신의
건강을
좌우한다

HABIT 4

'식습관의 도착지는 건강이다.'

당신이 섭취하는 모든 것들이 당신의 건강을 만든다.

단맛도 쓴맛도 인생이라면

당신은 어떤 맛을 택하며 살아갈 것인가?

결과를 생각하며 쓴맛도 즐길 줄 알아야 하는 것이

식습관 변화의 핵심이다.

1.

달면 삼키고,
쓰면 뱉는 것이 음식인가?

"아, 당 떨어진다.", "당 당겨…!"

요즘 흔히들 쓰는 말이다. 의학적으로 저혈당을 뜻하는 말 같지만, 주로 '과로, 스트레스, 운동 등으로 인해 마치 몸속에 혈당이 떨어진 것처럼 피로하다.'라는 뜻으로 쓰인다. 간단히 말해, 에너지가 부족함을 의미하며 실제로 저혈당인 경우는 흔치 않다.

우리는 스트레스를 받으면 왜 달콤한 음식이 생각나는 걸까? '다디달고 다디단' 단맛이 스트레스 해소에 도움이 되기는 할까? 왜 단맛을 먹고 나면 짠맛을 찾게 되는 걸까? 왜 점점 자극적인 음식들만 찾게 되는 걸까?

나는 꼬리의 꼬리를 무는 질문에 해답을 찾는 쓰디쓴 과정을 통해 20kg의 체중을 감량했고, 약 20년을 유지했다. 스무 살에 취득한 요리 자격증을 시작으로 영양사와 위생사, 조리사 면허까지 얻었다. 덕분에 내 곁엔 '좋은 식습관'과 '운동'이란 평생 친구가 생겼다. 나는 당신이 누리는 달콤한 여유와 잠깐의 행복 뒤에 찾아올 '나쁜 식습관의 위협'에 대해 함께 이야기 나누고 싶다. 그리고 쉽게 실천할 수 있는 영양 습관 개선 방법을 알리고자 한다.

감탄고토(甘呑苦吐)는 달콤한 것은 삼키고 쓴 것은 뱉는다는 뜻이다. 옳고 그름을 자신의 기준으로 판단하여 거짓임을 알면서도 입맛에 맞을 때 받아들이고, 맞지 않을 때는 진실임을 알면서도 받아들이지 않는다는 의미도 담고 있다. 이는 식습관에서도 그대로 적용된다. 건강에 관한 관심이 날로 높아지면서 달고 짠 자극적인 음식은 우리 몸에 각종 질병을 유발할 수 있다고 학습되었다. 아침부터 저녁까지 다양한 채널의 시사교양 프로그램에서 좋은 식습관과 나쁜 식습관에 대한 정보를 알려 주며 좋은 음식 재료와 조리 방법까지 자세히 소개한다. 평균 수명이 늘어남과 동시에 무병장수(無病長壽)의 시대는 가고 유병장수(有病長壽)라는 신조어가 생겼다. 덕분에 건강에 좋은 음식을 찾는 사람들도 많아졌다. TV에서 몸에 좋다는 음식이 소개되면 며칠간 각종 포털사이트에 검색어 1위를 차지한다. 아픈 곳이 생기면 "이 증상은 어떤 질병인가요?" 에서부터 "어떤 음식을 먹어야 이 증상에 도움이 될까요?" 같은 질문까지 검색해 보고, 담당 전문의를 찾아가 묻는다.

가족과 대인관계, 업무와 학업의 과부하로 현대인들의 스트레스 지수는 날로 높아지고 있다. 급격한 환경 변화와 불확실한 세상에 내 맘대로 되는 것은 하나도 없으니 어쩐다. '먹는 것이라도 맛있는 것을 먹어야겠지?' 바라건대, 이 글을 읽고 있는 당신이 뜨끔하지 않기를 바란다. 아니, '오늘도 먹는 것으로 스트레스를 풀었나?'라고 내게 먼저 묻겠다.

사실 우리의 식성은 어렸을 때부터 차곡차곡 쌓아온 입맛의 결정체이다. 세 살 입맛이 평생 간다는 말을 들어본 적이 있는가? 우리나라 아이들은 어릴 때부터 어린이집과 유치원에서 식습관 지도를 통해 좋은 음식에 대해 배운다. 어린이 식생활 안전관리 특별법으로 어린이들이 올바른 식생활 습관을 갖고 안전하고 영양을 고루 갖춘 식품을 섭취하도록 필요한 사항을 규정하고 있다. 식재료의 검수 · 보관 · 조리 · 배식 등의 위생관리, 어린이의 성장 시기 및 영양 섭취기준에 따라 적절하게 영양을 공급할 수 있는 영양 관리 등이다. 어린이집이나 유치원을 방문해 다양한 교육을 하는데 이는 어린이의 건강증진을 목적으로 한다. 어릴 때의 건강한 식습관 형성은 평생의 식습관과 건강에 유의미한 상관관계가 있기에 어린이와 원장 및 교사, 조리원도 관련 교육을 진행한다. 편식 예방과 잔반 줄이기 이외에도 식단, 표준조리법, 가정통신문 제공 및 식단 컨설팅, 맞춤 특화사업을 진행하기도 한다. 유아기의 올바른 식습관은 평생 건강에 큰 영향을 미치고, 골고루 먹는 바른 식생활이 평생 건강의 초석이 된다.

망각을 해야 사람이라고 했던가. 급식과 가정식을 통해 반복해서 배워 왔고 해롭다는 것을 알면서도, 결국 택하는 음식은 자극적인 메뉴들이다. 몸에 좋은 음식을 먹는 것보다 선행되어야 하는 것은 몸에 나쁜 음식을 먹지 않는 것이다. 건강을 걱정해 몸에 좋은 음식들과 건강보조식품을 챙겨 먹으면서도 몸에 나쁜 음식을 계속해서 찾는 이들이 의외로 많기 때문이다.

안타까운 일이지만 몸에 나쁜 음식일수록 중독성은 강하다. 화학첨가물이 많이 들어있는 가공식품이나 인스턴트식품, 포화 지방이나 트랜스 지방이 많이 들어 있는 음식들의 경우가 대표적으로 꼽히는 나쁜 음식들이다. 가당 음료, 가공 육류, 짠 음식, 기름진 음식, 패스트푸드, 과식 등이 몸에 나쁘다는 것을 머리로는 알지만, 입으로 절제하는 것은 굉장히 어려운 일이다. 달콤하다고 해서 무작정 입에 넣을 것이 아니라 결과를 생각하며 쓴 맛도 즐길 줄 알아야 하는 것이 식습관 변화의 핵심이다.

나의 유년기와 청소년기는 늘 쉽고 즐거운 방향을 택했다. 말 그대로 단순하고 달콤했다. 식습관과 행동 패턴 모두가 인스턴트처럼 자극적이었다. 체중이 늘어 졸업을 1년 앞두고 새 교복을 사야 했던 나에게 식사는 영양 가득한 음식이 아닌 그저 게임에 가까웠다. 뭐 재밌는 것이 없나? 뭐 스트레스 풀 만한 것이 없나? 하며 게임을 하듯 식사를 '도장 깨기' 했다. 만족감을 느끼기 위해서 그날 먹고 싶은 음식은 기어코 먹었다. 물론 다른 음식으로 배를 채우게 될 때도 있었다. 결국 대체식으로 채워지지 않는 허기짐은 반드시 과식과 폭식을 불러와 하루 세 번의 식사 시간 후엔 깊은 슬픔이 몰려왔다. 우리는 늘 기억해야 한다. 식사는 '때우고 깨야 하는 게임'이 아니라 삶 그 자체이고, 내가 먹는 것은 곧 나의 일부라는 것을.

  내가 먹는 '일부'들이 쌓여 결국 70kg이 되었을 때, 사람들은 내 모습을 비만이 '전부'인 것처럼 취급했다. 물론 자격지심이겠지만 날씬하지도, 똑똑하지도, 부유하지도 않다는 이유만으로 수치심이 들었고 나 자신을 '패배자'라고 낙인찍었다. 성인이 된 후 외모를 가꾸지 않는 것을 결함이라 인식하는 사회 속에서 나는 꼭 건강하고 멋지게 변화하고 싶었다.

  '결과가 좋아지려면 고통이 필요하다.'라는 사고방식은 전 세계에서 통용되니 동서고금을 막론하고 통하는 진리이다. 이십 대의 나는 40kg대의 체중을 가지고 싶었다. 70kg대의 거구가 20kg 이상을 감량하는 과정은 감내하기 어려운 고통이었다. 나는 금식을 택하는 대신 요리를 통해 식재료에 대한 특성을 이해하며 영양에 관한 공부를 했다. 달면 삼키고 쓰면 뱉던 내가 '덜 달고 덜 짜게', '더 담백하고 더 가볍게' 먹기 시작했다. 물론 타고난 식성 때문에 식사 시간마다 계량 저울을 재며 양을 조절하는 것은 무척이나 힘들었다. 대신 양을 줄이며 배고픔에 고통받기보다는 싱싱한 채소와 과일을 곁들여 포만감을 주는 방식의 작은 변화로, 내 식습관은 달라지기 시작했다. 매 끼니 콩류, 달걀, 생선, 육류 등의 단백질 식품은 반드시 한두 가지 이상 넣고 채소 반찬은 3종류 이상 섭취하도록 했다. 균형 있는 식사와 더불어 간식으로는 하루 한두 번 과일을 먹었고 두유나 우유도 2잔 이상 마셨다.

나는 평소 간식보다는 삼시세끼를 든든히 먹는 편이었다. 식사 시간이 다가올수록 배에서는 요동을 치고 침샘은 미친 듯이 자극되었다. 그럴 때 식사 1시간 전 한 컵의 물을 마셔 포만감을 주고 식사량을 줄이도록 했다. 식사 시간이 아니더라도 틈틈이 물을 자주 마셔 주어 몸 안에 수분을 충분히 유지했다. 적은 식사량에 군것질이 하고 싶거나 허기질 때는 물 한 잔을 섭취했다. 물론 한 번에 지나치게 많은 양을 섭취하거나 장기간 과잉 섭취하면 신장에 무리가 따를 수 있고 저나트륨혈증을 초래할 수 있으니, 권장량만 섭취하는 것이 좋다. 사람마다 신체 조건, 식습관, 활동량이 달라 조금씩의 차이는 있겠지만, 일반적으로 체중 1kg당 30mL의 수분을 하루 섭취량으로 권장한다. 예를 들어 체중이 60kg인 사람은 하루에 1,800mL의 물을 마시는 것이 좋다. 음식과 음료를 통한 수분도 포함이다.

간략하게 나열하였지만, 식탁에서 나와의 약속을 지키는 일은 무척이나 괴롭고 힘들었다. 고통도 있지만 그만큼 얻는 이득이 더 클 것이라 되뇌며 나만의 식습관 규칙을 만들었다. 달콤한 결과를 위해 내가 나에게 주는 약은 쓰디썼다.

요즘 단순당이 첨가된 음식들이 대한민국 식탁을 점령해 단짠단짠의 굴레에 빠진 사람들이 늘어나고 있다. 비단 단맛 짠맛의 굴레가 아니더라도 당신이 무심코 먹게 되는 그 어떤 것 때문에 혹은 어떤 행동 때문에 자꾸 건강을 해치거나 다이어트에 실패하고 있다면, 올바른 식생활이 어떤 것인지 고민해야 할 때가 왔다. 점점 더 자극적인 음식에 노출되다 보니 건강한 음식에 대한 내성이 생기고 좋지 않은 결과를 초래하는 것이다. 단 음식을 멀리하고 쓴 음식을 가까이하라고 하지는 않겠다. 그저 단맛도 짠맛도 알고 먹는 것이 좋다는 것이 몸무게 앞자리가 두 번 바뀐 내 식습관의 핵심이다. 단맛도 쓴맛도 인생이라면 난 쓴맛을 택하겠다는 것이 솔직한 심정이다. 그래 까짓거 '죽을 때까지 먹게 될' 음식이라면, 몸과 마음이 좀 더 건강해지는 방향으로 가 보는 건 어떨까. 건강은 결국 식사에서 결정된다.

* 나의 식습관을 평가하는 자가 진단 방법이 있다. 식품의약품안전처(https://www.mfds.go.kr)의 영양지수 프로그램이다. 영양지수(NQ, Nutrition Quotient)는 개인이나 집단의 식사 행동, 식사의 질과 영양상태 등을 종합적으로 평가하여 점수화한 지표이다. 식품을 골고루 먹는 균형, 건강에 좋지 않은 식품을 적게 먹는 절제, 건강한 식행동을 하는 실천, 좋은 식습관을 이 3개 영역의 항목으로 쉽게 알 수 있어 유용하다. 취학 전 어린이(만 3~5세)부터 노인(만 65세 이상)까지 생애주기별로 영양지수 평가가 가능하고, e-Book 자료가 무료 제공되니 참고한다.
* 보건복지부와 한국영양학회 〈2020 한국인 영양소 섭취기준〉에서 총 수분 충분 섭취량을 나이대별로 제시하고 있다.

10대 남성은 2,000~2,600mL(여성 1,900~2,000mL), 20대 남성은 2,600mL(여성 2,100mL), 30~40대 남성은 2,500mL(여성 2,000mL), 50~64세 남성은 2,200mL(여성 1,900mL), 65세 이상 남성은 2,100mL(여성 1,800mL)다.

2.

식습관을 바꾸려면
'학습 동기' 먼저 만들어라

　새해가 되면 흔히 하는 다짐 중 하나가 다이어트가 아닐까 한다. 비단 다이어트뿐만이 아니라 어떤 목표를 이루기 위해서는 확실한 목표 설정과 심리적인 동기부여가 중요하다. 단기적이고 일시적인 체중 감량은 비교적 쉽다. 그러나 비만을 '만성적으로 재발하는 질병'이라 부르는 이유는 2년 이상 감량된 체중을 유지하는 사람이 200명 중에 단 1명이기 때문이다. 0.5%만이 감량된 체중을 유지하고, 99.5%의 사람들은 체중이 다시 증량되는 요요 현상을 겪는다. 다이어트를 통해 체중을 감량하는 것보다 감량된 체중을 유지하는 것이 더 어려운 이유는 그 과정이 언제 끝날지 모르는 '장기전'이기에 그렇다. 지나치게 긴 시간이 지나야 요요라는 방해꾼과도 멀어질수 있다. 절대 사라지지 않고 언제든 나타나는 아주 고약한 녀석이기에 우리는 그와 멀어지려고 노력할 뿐이다.

고백하건대 나는 수십 번 다이어트에 성공했고 수백 번의 '방해꾼 요요'를 만났다. 우량아로 태어나 식성이 좋았던 나는 늘 과체중이었다. 오랫동안 지겹도록 '돼지', '뚱보'라고 불렸고, 달마다 짝을 바꿀 때 그리고 학예회 시즌이 특히 싫었다. 교실에서는 꼭 남녀로 짝을 맞춰 앉아야 했고, 학예회 또한 남녀 짝을 이뤄 진행하는 작품이 많았다. 내가 단지 뚱뚱해서 같이 짝을 하고 싶지 않다는 남자 친구가 있었는데 그때 느꼈던 불편함이 30년이 지난 지금까지도 생생하다. 나는 고등학교 시절 졸업을 1년 앞두고 급격한 체중 증가로 인해 새 교복을 구매해야 했다. 그 시절 대학수학능력시험 모의고사 점수 하락보다 더 무서웠던 건 다름 아닌 체중의 증가였다. 통신판매 잡지에서 구매한 다이어트 환, 유명 브랜드의 가루 쉐이크, 한 가지만 먹는 원푸드 다이어트, 굶으며 물만 마시는 단식 다이어트 등 나의 사춘기는 다이어트로 가득했지만, 해피엔딩으로 끝을 맺지 못했다. 용돈을 모아 틈만 나면 어떻게 다이어트를 쉽게 할 수 있을까 고민했다. 먹는 것을 참 좋아했기에 굶지 않고 배곯지 않는 체중 감량을 원했다.

나는 시중에 판매되는 수많은 다이어트 대용식을 섭취했다. 흔히 '닭고야'라고 부르는 닭가슴살, 고구마, 채소만 삼시세끼 섭취하기도 했다. 닭고야 식단이 체중 감량에는 효과적이지만 감량 후에는 일반식을 먹으며 증량되는 체중에 스트레스받아야 했다. 다이어트 대용식이 건강한 식습관이라 믿으며 감량하다 보면 대용식 중단 후 어떤 식단으로 어떻게 시작해야 할지 막막한 상황이 온다. 나 또한 그랬다. 평생 닭가슴살만 먹고 살 것이 아니라면 그리고 평생 굶을 것이 아니라면, 흔히 먹는 재료를 가지고 어떻게 맛있고 건강하게 먹을지 고민해야 한다. 그래야 길고 긴 인생을 맛있게 즐길 수 있을 테니까.

나는 학창 시절 성적의 부침이 심했다. 내가 성적이 하위권일 때는 풀 수 있는 문제 위주로 공부했다. 막상 중위권이 되니 욕심이 생겨 심화 문제를 풀고 싶어졌다. 어쩌다 실력보다 어려운 심화 문제를 풀었더라도 숫자만 바꾸면 답이 틀리는 경우가 생겼다. 그래서 중위권의 학생은 심화보다는 중간 수준의 문제 위주로 탄탄히 기초를 다지는 것이 중요하다고 느꼈다. 시험을 대비하더라도 실력에 맞춰 과감히 포기할 문제는 포기하고 정답을 맞힐 가능성 있는 문제들 위주로, 실수 없이 문제를 풀어 가는 연습이 필요한 것이다. 수능시험을 바라보는 시각 중 가장 큰 오류는 1년간 준비하는 시험으로 여기는 것이다. 물론 수능을 준비하고 치르는 건 고등학교 3학년이지만 정확히 말해 고등학교 기간 3년, 길게는 초등학교 과정부터 고등학교 과정까지 종합적으로 평가하는 시험이 아닌가. 성적이 하위권인 학생이 1년 이내에 고득점의 수능 점수를 얻기란 사실상 불가능에 가깝다. 식습관도 마찬가지다. '한 달 만에 10kg을 감량해서 50kg을 만들어야지!'라는 식의 실현 불가능한 목표를 설정하게 되면 시작부터 어려워져 결국 좋은 성과를 내지 못한다. 한 달에 1kg씩 감량하는 방법으로 일 년을 보내면 요요 현상도 없이 10kg 감량된 나의 모습을 만날 수 있다. 차근차근 점진적으로 변화하는 식습관이야말로 100세 시대의 장거리 건강 마라톤을 포기하지 않고 뛰는 가장 좋은 방법이다.

유병장수의 시대에 발맞춰 건강검진을 하는 사람이 꾸준히 늘어나고 있다. 건강검진은 질환을 조기에 발견하여 치료율과 생존율을 높이고, 정밀한 검사가 필요하다면 의료진의 적절한 처방까지 받을 수 있다. 좋지 않은 결과가 나오면 생활 습관을 개선토록 하여 큰 질병의 확률을 낮춘다. 우리나라 건강검진에서 가장 많이 발견되는 질환은 당뇨나 고혈압이고, 위암은 암 발병률 1위를 차지한다. 또 50대부터는 대장암 검진이 필수 항목이며 가족 중 암 병력이 있다면 추가 정밀 검사는 꼭 해야 한다. 해를 거듭할수록 만성 질환이나 암 등을 앓는 환자들이 증가함에 따라 새해 목표는 '건강', 그리고 '체중 감량'으로 정해둔 사람들을 수도 없이 보았다. 건강의 첫걸음은 바로 식습관과 생활 수칙 개선이라고 전문가들은 조언한다.

나도 건강검진 결과를 받아 본 후 '체중 감량을 통한 건강'이라는 막연한 목표를 세웠다. 그리고 건강을 위해 다시 '건강한 식습관'이란 세부 목표를 설정했다. 후에 단기적이고 작은 실천 목록을 작성했다. 매일 매끼 과식하지 않기, 설탕이 든 커피믹스 대신 아메리카노나 녹차 마시기, 충분한 수분을 섭취하기, 인스턴트 음식은 일주일에 한 번으로 줄이기, 배달 애플리케이션 삭제하기 등이다. 나는 평소 배달보다는 포장하거나 식당에서 먹고 오는 것을 더 선호하는데 일례로 열 달의 임신 기간 중 야식을 먹은 날은 다섯 번도 되지 않는다. 건강한 식습관은 체중 감량이라는 큰 목표를 달성하는 데 도움이 되지만, 실제로 체중 감량에만 도움이 되는 것이 아니다. 전반적인 생활 습관이 바뀌면 일상이 달라지고 삶까지 변화될 수 있다.

또한 좋은 식습관을 통해서 얻는 것들을 생각하며 동기부여를 했다. 인스턴트는 간편하고 맛있게 즐길 수 있지만 실제 영양적으로는 좋지 않은 음식이다. 요리학을 공부하면서 시기마다 다양한 제철 식재를 이용해 음식을 만들고 맛보는 즐거움을 알게 됐다. 단조로울 수 있는 다이어터의 식탁을 풍성하게 해 주었고, 같은 음식 재료라도 조리 방법에 따라 맛과 향 그리고 영양이 모두 다를 수 있다는 것에 매력을 느꼈다. 많은 음식이 우리 몸에 어떤 역할을 하게 되는지 알았을 때, 좋은 식습관에 대해 끝없는 매력을 느꼈고 영양학에 관한 관심이 생겼다.

장기적으로는 나의 식습관이 변화함으로써 우리 가족의 건강까지 개선될 것이란 동기부여도 좋다. 자녀의 소아비만이 고민인 지인이 있었다. 아이의 성장을 방해하는 소아비만을 극복하기 위해서는 부모가 먼저 건강한 식습관을 실천해야 한다는 컨설팅을 해 준 적이 있다. 실제로 부모 모두가 비만이면 자녀가 비만이 될 확률은 80%, 한쪽 부모만 비만인 경우는 40%, 부모 모두가 비만이 아닌 경우에는 7%의 확률로 소아비만이 발생한다. 소아비만은 유전적인 요인도 있지만 좋지 않은 식습관도 큰 원인이다. 우리 부부도 소아비만이었기에 아이의 키와 체중이 신경 쓰일 수밖에 없다. 결국 부모의 좋은 식습관과 생활 습관을 통해 아이들에게 건강한 식생활의 본보기가 되어 주는 것이 해답이다. 세 살 입맛은 여든까지 간다. 나를 위해서, 가족을 위해서, 그것이 어떤 것이든 본인에게 맞는 목표와 학습 동기를 세우는 것부터가 좋은 식습관의 시작이다.

식습관은 개개인이 어려서부터 음식을 섭취해 온 습관이나 버릇이다. 식사의 규칙성과 시간, 과식의 여부, 주로 섭취하는 메뉴, 조리법이나 선호하는 습관, 편식하거나 식사할 때의 자세까지 포함이며, 식 행동 양식은 실로 매우 다양하다. 세 살 버릇 여든까지 간다는 속담이 있다. 어릴 때 버릇은 평생 고치기 힘들다는 뜻으로 습관의 중요성을 강조한다. 아이들이 편식을 시작하는 시기가 만 3세 전후인데 자아가 발달하면서 좋아하는 음식을 가리게 된다. 이 시기부터 올바른 식습관을 갖게 되면 아주 좋은 평생 습관을 지니게 되는 것이다. 소아 · 청소년기의 뇌는 예민도가 높아 모든 맛을 예민하게 느낀다. 유아기는 성인에 비해 단순한 맛을 선호하고 식품 기호의 변화가 심한데, 달고 맵고 짠 자극적인 음식을 자주 접하다 보면 강렬한 맛을 계속 찾게 되어 중독도 나타나기 쉽다. 이러한 식습관이 지속되면 비만이 될 확률도 높아진다. 국민건강보험공단에 따르면 소아 · 청소년 비만의 80%는 성인 비만으로 이어진다고 한다. 영유아 단계의 식습관은 청소년기를 지나 성인이 돼서도 이어지는 만큼 개인의 문제를 넘어 국가적인 과제로 여겨지기도 한다. 소아비만이었던 성인이 체중 감량이 힘든 이유는 소아기때 기하급수적으로 분열해 버린 지방세포의 수 때문이다. 다이어트에 성공해도 지방세포의 수는 감소하지 않고 세포 크기만 작아지는데, 다량의 열량이 공급되면 크기가 다시 커지게 되어 체중이 쉽게 증가하는 것이다.

편식 없는 식습관 형성을 위한 식사법을 부모가 먼저 솔선하고, 학교나 교육기관에서 배식이 된 급식 메뉴를 확인해 가며 가정 내에서 균형 잡힌 건강 식단을 구성해 보자. 세계적으로 유명한 K-급식은 다른 나라에서 늘 부러움의 대상이다. 어린이집부터 대학교까지 이어지는 학교 급식 이외에도 병원 급식, 군대 급식, 회사 급식, 각종 시설 등의 급식 문화는 '한국인들이 이런 음식을 매일 먹을 리가 없다.'라며 의심을 표출하기까지 하는 높은 수준을 자랑한다. 〈한국인의 식판〉이라는 TV 프로그램에서 타국의 급식 문화를 자주 엿볼 수 있었는데, 한국의 급식과는 사뭇 다른 모습이 무척 흥미로웠다. 영국 BBC에서는 '대한민국 급식은 전 세계에서 가장 건강한 급식이다.'라고 소개했고 셰프 제이미 올리버는 '내가 가장 좋아하는 급식은 한국 급식이다.'라며 한국 급식에 대한 애정을 숨기지 않았다. 실제로 제이미 올리버는 공교육 급식에서 가공식품의 사용 반대 캠페인을 진행한 영국의 요리사이기도 하다. 우리나라의 급식은 어린이집부터 시작되어 대학교까지 이어지는데 성장기 학생들의 균형 있는 영양 섭취와 심신 발달을 위해 한국이 시행하고 있는 좋은 제도이다. 한국 급식을 시찰하러 해외에서 입국할 정도로 전 세계적으로 전무후무 한 수준이기도 하다. 우리는 급식을 통해 편식을 교정하고 올바른 식습관을 형성하여 건강한 국민으로서의 성장을 도모한다. 다양성을 존중한다는 저마다의 이유로 인해 급식을 시행하지 않는 나라도 있지만, 나는 현재 한국의 급식 시스템을 높게 평가한다. 좋은 급식과 더불어 가정에서도 아이의 선호를 고려해 건강하고 다양한 요리법을 시도한다면 영양적으로도 빈틈없는 식탁이 될 것이다. 영유아기부터 다양한 채소와 과일을 간식으로 섭취하고 풍부한 영양의 음식들을 선택한다면 건강한 음식을 친숙하게 느끼고 평생 좋은 식습관을 유지할 가능성이 크다. 체중조절이 외모의 개선이 아닌 건강을 위한 것이라는 점을 인식하고 특히 영유아시기부터 이해시키는 것이 중요하다. 이는 자연스럽게 스스로 식생활 관리 능력이 함양되는 가장 좋은 학습 동기가 될 것이다. 우리의 식습관 지식은 단순히 배우고 아는 것에서 끝나지 않고, 행동으로 실천해 평생의 삶으로 스며들어야 한다. 규칙적인 운동도 함께 한다면 건강이란 친구와 오래도록 가깝게 지낼 수 있을 것이다.

3.

결과가 좋아지려면
고통은 따른다

어떤 것이든 변화는 쉽지 않은 일이다. 변하고 싶은 욕망은 있지만 왜 변화가 어려울까. 사람들은 저마다 본인의 부족한 부분을 채우고 변화하고 싶어 한다. 나 또한 그렇다. 현재 여러 습관과 행동들은 과거 습관이 축적된 결과이기에 어느 순간 갑자기 '짠'하고 달라질 수 있는 것이 아니다. 그리고 우리는 알고 있다. 미래는 현재의 습관에 의해 결정되리라는 것을. 식습관도 마찬가지다. 작고 사소한 노력이 쌓여 변화가 시작되는 것이며 눈에 띄지 않는 실천이 모여 결국 습관이 되는 것이라 믿는다. 내가 체중의 앞자리가 두 번 바뀌는 동안 건강한 식습관이 자리 잡기까지는 아주 괴로웠다.

학창 시절, 수년 동안 다이어트와 요요 현상이 반복되면서 체중과 체형

변화에 둔해지고 체력은 바닥으로 떨어졌다. 한여름 불볕더위, 한겨울 한 파에도 몇 달간 10km 거리를 도보로 등·하교 했다. 신세를 한탄하며 울며 걷는 날도 부지기수였다. 살이 조금도 빠지지 않았고 되레 체중 70kg 이상이 되었을 때, 아침저녁으로 체중을 재는 일과 걷는 일 모두 그만두었다.

그러자 언제부터인가 고작 3~4층에 불과한 학교 계단을 오르는 일이 힘들어지고 무릎이 아팠다. 발목은 시큰거렸고, 밤이면 저린 다리를 벽에 올려두고 한참 지난 후에야 잠이 들었다. 한창 예쁘고 건강해야 할 시기에 온몸이 아프고 저렸고, 반복된 증량과 감량에 약해진 체력 탓인지 식은땀과 코피가 자주 났다. TV와 잡지에 나오는 사람들은 20kg도 쉽게 감량하고 극적인 변화가 눈에 띄는데 '나만 왜 다이어트가 이렇게 어려울까?'하는 원망이 생겼다. 마음이 이렇다 보니 어떤 다이어트를 하든 쉽게 지쳤고 변화가 보이지 않아 늘 우울했다. 일상생활에서 말수가 크게 줄었고 살이 찐 외모에 주눅이 든 채로 내성적인 청소년기를 보냈다.

더 이상 아무것도 할 수 없을 정도로 심신이 지쳐 비관적인 생각마저 들었다. 학업과 일상생활에 대한 의지력이 사라져, 학교에 가기 싫었을 만큼 삶에 대한 회의감과 심한 무기력증이 찾아왔다. 피, 땀, 눈물을 쏟아 가며 다이어트하는데 어느 것 하나 달라지는 것이 없었다. 돌이켜보면 식이조절로 건강하게 체중 감량을 하면서 원하는 목표에 빠르게 도달하도록 운동을 겸해야 하는데, 영양은 생각하지 않고 단순히 먹는 양만을 극도로 줄여 근육도 함께 줄어드니 결국 나는 살이 빠지지 않는 체질이 된 것이다. 질병이 생겨 몸이 아프면 단백질 합성보다 분해가 더 빠르게 이루어져 근육의 생성에도 전혀 도움이 되지 않는다. 우스갯소리로, 아프면 근 손실이 온다고들 하지 않는가. 몸과 마음이 아프다고 보내는 SOS 신호가 점점 강해져 나를 무너뜨리고 있을 때, 좋은 식습관이라는 나침반을 만났다. 이 나침반이 향하는 방향으로 경험하고 학습하고 훈련하면서 변화의 고통을 즐기는 법을 배워 갔다.

"혼자 얼마나 잘 먹고 잘살려고? 참 유난스럽네." 식사 자리에서 팀장에게 입에 담지 못할 정도의 심한 비방을 들어 본 적이 있다. 유난히 까다롭지도, 유별나지도 않게 사내 카페와 구내식당을 이용하고, 회식 한번을 빠지지 않았는데도 말이다. 식습관의 변화만큼이나 타인의 배타적인 시선 또한 내게는 고통이었다. 우리는 나와 다른 삶을 이해하려 하지도, 하고 싶어 하지도 않는다. 다양성의 사회에 사는 우리는, 어쩌면 이해하기보다 인정해 주는 것이 더 현명한 방법이 아닐까. 각기 다른 환경과 직업, 여러 상황으로 인해 우리는 저마다의 고충이 있다. 학생이기 때문에 혹은 직장인이어서, 주부는 주부대로 각자가 느끼는 저마다의 무게가 있다. 육아하는 엄마는 아이를 키우느라 본인의 식습관까지 신경 쓰고 유지할 여력이 없을 것이다. 나 또한 이 과정을 모두 지나왔으니 얼마나 어려운 일인지 잘 알고 있다.

각자 처한 상황은 다르더라도, 누구에게나 주어지는 24시간 하루 세 번의 식사 시간은 같다. 어김없이 돌아오는 이 식습관의 반복 훈련에 당신이 지치지 않기를 바란다. 식욕을 조절하는 것은 좋은 식습관의 시작이다. 소아비만과 성인 비만으로 살아온 내게는 이것이 가장 어려웠다. 좋은 식습관을 위해서는 식욕과 식탐을 통제하는 것이 최우선 과제였다.

 학생들의 경우 선택지가 없는 급식이 살을 뺄 수 없게 만드는 식단이라 생각하는 경우가 많다. 사실 급식은 골고루 영양소를 섭취할 수 있는 좋은 식단이다. 오히려 급식을 제외한 간식과 습관들이 체중을 증가시키는 원인이다. 아이돌처럼 마른 몸이 갖고 싶어 연예인들의 다이어트를 따라 하게 되면 키가 크지 않거나 성장에 방해가 되기에 건강한 식습관을 실천하는 것이 중요하다. 어린이와 청소년의 경우 절대 무리한 식단을 해서는 안 된다. 수시로 수분 보충하기, 규칙적으로 식사하기, 식사 후 하루 10~20분이라도 운동하기, 건강한 간식 선택하기 등 아주 간단한 식습관만 지켜도 건강뿐 아니라 학업에도 도움이 될 것이다. 이는 학생뿐만 아니라 남녀노소 누구에게나 해당하는 아주 간단한 지침이다.

 직장인들의 퇴근 후 모임, 주말마다 생기는 동료들의 결혼식 소식, 놓칠 수 없는 뷔페의 유혹까지, 매 순간 여러 방해물이 굳게 먹은 다짐을 무너뜨린다. 나는 식습관의 변화 초기에 친구들을 만나기 꺼리거나 가족 모임도 피했었다. 가족 여행에서도 개인 도시락을 챙겨 다녔다. 아마 평생 그렇게 살 수는 없을 것이다. 직장인들의 자극적인 점심 메뉴는 어떠한가. 건강한 식습관이 정말 가능한 것인가 묻는 이들도 있을 것이다. 매번 닭가슴살과 고구마, 방울토마토가 든 도시락만 꺼내 먹을 수는 없지 않겠냐며 하소연하는 이도 있을 것이다. 어떤 날은 과식할 때도 있지만, 하루쯤 많이 먹는다고 포기할 수는 없다. 나의 삶은 지속되어야 하니까. 나는 과식했다면 다음 끼는 평소보다 덜 먹는 방식으로 실천했다.

간단히 말해 먹지 말고 참는 것이 아니라, 적당하게 먹는 것이다. 먹고 싶은 메뉴를 포기하라는 것이 아니라, 선택하되 과식하지 않은 것이다. 물론 먹고 싶은 음식을 양껏 먹지 못하는 것은 견디기 어렵다. 또 자극적이고 달콤한 간식을 포기하는 것은 행복을 포기하는 것처럼 느껴지기도 할 것이다. 간식을 조금 더 건강하게 바꾸고, 영양소가 골고루 갖춰진 식사를 실천하는 새로운 습관이 익숙하기까지의 과정은 정말이지 쉽지는 않다. 그러나 훈련을 반복하는 과정에 지치지 않아야 롱런(long run) 할 수 있다.

식습관을 바꾸는 일이 생각보다 쉽지 않고 지금 당장 할 수 있는 일이 아니라고 느낄 수 있다. 밥 한 숟갈로 배고픔이 달래지지 않듯 한두 끼 변화해서는 극적인 결과가 나올 수 없다. 건강한 식습관에 대한 부담을 덜기 위해 지금 당장 실천할 수 있는 일이 무엇인가 생각해 보자.

첫 번째, 평소에 먹던 밥에서 두 숟가락 덜어 내기

결국은 과식하지 않겠다는 의지를 실천하는 것이다. 평소 나는 식사가 끝나면 허기짐이 채워지지 않아 꼭 한 숟가락씩 더 먹는 습관이 있었다. 한 숟가락만 더, 한 숟가락만 더, 하다가 결국 두세 그릇을 먹고야 끝이 났다. 우량아로 태어나 자라오면서 향토 음식은 물론이고 각국의 모든 음식을 즐겼고, 햄버거 세 개를 한 자리에서 먹어 치우는 엄청난 소화력까지 겸비(?)했으니 먹는 양을 줄이라는 것은 사형선고나 다름없었다. 밥 두 그릇을 먹던 사람이 갑자기 반 공기만 먹으면 당연히 극도의 허기짐을 느낄 것이다. 한 번에 모든 것을 변화하겠다는 마음을 버리고 조금씩 당장 실천할 수 있는 일들을 하자.

두 번째, 간식보다 끼니에 집중하기

나쁜 식습관을 가진 대부분은 끼니보다 간식에 더 치중하는 모습을 보인다. 식사 시간이 되기 전에 달콤한 간식과 커피를 섭취하고, 식사 시간을 훌쩍 넘긴 밤에 배달 음식으로 야식을 즐긴다. 잦은 간식은 열량의 높낮이와 관계없이 잘못된 식사 패턴이 습관이 되어 건강을 해치게 된다. 부실한 식사로 인해 간식을 찾는다면 차라리 단백질이 충분한 메뉴를 넣어 든든하게 식사하는 것이 좋다. 식사로 적은 양을 섭취한 후 허기짐을 간식으로 달래는 것은 어리석은 짓이다. 나의 경우 한 달 정도 자극적인 간식을 먹지 않았더니 간식에 대한 욕망이 확실히 줄었다.

셋째, 채소와 과일은 주스 대신 음식으로 섭취하기

나는 지인들에게 자주 '식탁 위에서 풀코스를 뛰라.'라고 권유한다. 자칫 마라톤처럼 느껴지겠지만 첫 번째는 채소의 풀(vegetable)을 의미한다. 두 번째는 3가지 이상의 코스로 제공되는 식사를 뜻하는 풀코스(full course)의 중의적인 의미이기도 하다. 코스요리는 전채 요리부터 후식까지 나오는 요리를 말하는데 여러 음식을 일정한 순서로 먹기에 코스요리라고 부른다. 채소와 과일을 본격적인 식사에 앞서 전채 요리로 섭취하기를 추천한다. 채소를 먼저 섭취한 후에 단백질, 지방과 탄수화물 순서로 코스를 정해서 먹는 것이다.

채소와 과일의 즙을 내어 주스로 먹는 것은 채소와 과일의 열량을 먹는 것이지 본연의 좋은 것들을 섭취하지 못하기에 형태가 보이는 그대로의 것을 추천한다. 식후에 과일을 먹으면 과일이 위장에 오래 머물게 되어 당 성분의 발효로 속이 더부룩할 수 있다. 식전에 채소와 과일을 먹으면 풍부한 식이섬유로 포만감도 들고, 식사 후 섭취하는 탄수화물의 소화 흡수 속도를 낮추기에 혈당 조절에 도움이 된다. 채소와 과일은 건강에 좋은 필수 비타민, 미네랄 및 항산화제가 풍부하여서 심장병, 당뇨병 및 각종 질병의 위험을 낮춘다. 또한 본연의 맛을 즐기다 보면 다채로운 식감으로 식사 시간을 매우 즐겁게 해준다. 열량이 낮은 오이, 당근, 파프리카 등 다양한 색깔의 채소류는 각기 다른 영양소를 가지고 있어 한 가지 채소보다는 골고루 선택하고 채소 반찬은 3종류 이상 섭취하도록 한다. 채소를 많이 먹는 것에 익숙하지 않다면 요리책이나 레시피를 찾아 다양한 메뉴로 시도해 보기를 추천한다. 과자 대신 채소를 선택하는 간식 풀코스도 아주 좋은 방법이다.

그런데 좋은 음식을 고르고, 적당한 양의 음식을 먹는 일이 감당할 수 없을 만큼 힘들고 종일 배가 고프다면 전략을 바꿔야 한다. 우리는 100세까지 건강하게 살기 위한 과정 중이기 때문이다. 지나치게 양을 줄이거나 극단적으로 제한된 메뉴 선택을 하기보다 영양이 풍부한 음식을 선택하고 좋은 간식과 단백질을 추가하는 등의 실천 가능한 수정을 해야 한다. 살 빼려다 요요 현상을 만나고, 질병을 고치려다 되려 건강을 망치는 일은 이제 멈춰야 한다. 식습관은 평생 과제이므로 행동을 수정해 가며 시도를 축적해야 한다. 사실 이 책은 평생 식습관이라는 과제를 수행하는 나를 출발선상으로 되돌려 놓으려고 쓴 책이다. 다가올 100세는 내게 너무 길고 초심은 늘 잃기 쉽기 때문이다. 작고 사소한 노력이 쌓여 변화가 시작되는 것이며 눈에 띄지 않는 실천이 모여 결국 습관이 되는 것이라 믿는다. 차곡차곡 쌓은 식사 습관으로 20kg의 체중을 감량하고 20년을 유지하는 것처럼 말이다.

과정에는 고통이 따른다. 과정 없는 결과는 없으며 언젠가 있을 좋은 결과를 기대하며 우리는 지금, 이 순간에도 살아가고 있다. 마구 먹으면서 살이 빠지길 기대하거나 건강에 좋지 않은 음식을 먹으면서 좋은 몸을 갖고자 하는 마음은 바로 요행을 바라는 일이다. 다른 사람이 나의 식습관을 대신해 줄 수 없고 직접 고통과 부딪쳐서 해결하지 않으면 우리 심신(心身) 건강 발전에 걸림돌이 될 수 있다. 우리의 삶은 선택과 결정의 연속이다. 얼마만큼 먹을 것인가, 적절히 조절할 것인가에 대한 소신 있는 선택과 매 끼니 즐겁게 해야 하는 메뉴 결정도 책임을 지고 소화해야 하는 것이 인생이라고 본다. 선택이 고통이고 결정도 고통이라면 그 고통을 피하지 말고 즐겼으면 좋겠다. 이것을 받아들일 수 있으면 결과도 조금 더 나아질 것이다.

4.

축적된 좋은 식습관이
건강을 만든다

우리가 인생의 경험을 무시하지 못하는 것은 경험적 축적이 한 사람에게
미치는 영향이 크기 때문이다. 〈생활의 달인〉이라는 프로그램의 경우, 수
십 년 한 분야에 종사하며 부단한 열정과 노력으로 달인의 경지에 이르게
된 사람들이 등장한다. 분야를 막론하고 그들 삶의 이야기를 리얼리티 형
식으로 담고 있어 20여 년간 시청자들의 사랑을 받는 장수 프로그램이 되
었다. 축적의 시간이라는 것은 꽤 오랜 기간이 필요하다. 그들 또한 수많은
경험을 통해 수백 수천 번의 실패를 맛보았을 것이다. 대부분 달인은 하나
같이 '실패도 성공도 모두 축적하라.'라는 메시지를 준다. 성공 여부를 떠나
양질의 경험을 축적하라는 의미이다.

혹자는 실패의 트라우마가 일을 추진하는 데 걸림돌이 되어 성공의 장애 요소가 된다고도 한다. 물론 그렇게 생각할 수도 있다. 하지만 실패의 원인과 경험은 성공의 또 다른 방법과 방향을 제시해 주고 실질적인 활동을 할 수 있는 밑거름이 된다. 나는 작은 성공 습관들이 모여 큰 성공이 된다고 믿는다. 경험을 축적한 사람은 성공하는 법을 알아 가면서 자신감을 얻고, 성공 후에는 분야를 넓혀 시도를 확장하는 것이다.

그런데 인간은 본능적으로 새로운 경험과 시도를 두려워한다. 그리고 어떤 일이든 축적하려면 먼저 '시작'을 시도해야 한다. 어떤 시작을 할까, 어떤 방향으로 나아갈까. 선택은 늘 어렵다. 이유는 간단하다. 무엇부터 해야 할지 막막하기 때문이고 실패할까 두려워서이다.

고백하건대 나는 옳은 결정을 내리기 위해 많은 시간을 낭비해 왔다. 더 나은 결정이 무엇일지 고민하는 시간이 길어지다 보면, 차선을 선택해 실패했어도 다시 최선을 시도할 충분한 시간이었다고 느낄 때가 많았다. 그래서 이 책을 읽는 여러분에게 감히 '시도를 축적하라.'라고 말하고 싶다. 그 시도를 통해 나는 15개 이상의 자격증과 면허 그리고 많은 취미를 얻었다. 대학교에서 두세 개의 동아리와 봉사활동을 하며 과 수석도 해보고 여러 차례 성적 우수 장학금도 받았다. 주 전공인 경영학 이외도 식품 영양학까지 복수전공(double major)으로 전공 2개를 이수했다. 과거의 나는 도전을 즐기는 사람이 아니었다. 그리고 지금도 여전히 게으르다.

나는 식습관의 개선이라는 작은 변화와 성공에 자신감을 얻어 다양한 시도를 하기 시작했다. 사소한 것들의 성공이 삶의 재미를 주었고, 여러 시도가 모여 지금의 내가 되었다. 나는 취미인 요리를 시작으로 영양사 면허, 위생사 면허, 조리사 면허, 한식조리기능사, 양식조리기능사, 유통관리사, 컴퓨터와 문서 자격증 등 업무적으로 필요한 공부를 했다. 그리고 필라테스, 라인댄스, 스포츠댄스, 헬스 운동, 스킨스쿠버, 캘리그라피, 피아노 연주, 바이올린 연주와 작사 등 다양한 취미를 시도했다. 여러 취미를 시도하고 축적하다 보니 이것들이 업무를 돕는 경우가 많았다.

마케터임에도 요리 자격증이 있기에 메뉴 개발에 필요한 아이디어를 도출했고 메뉴 품평에 참여했다. 신메뉴의 제품명, 문구를 작성하고, 레시피북을 정리하거나 도시락 브랜드 개발 신사업 프로젝트에도 참여할 수 있었다. 방송 업무를 하게 되었을 때는 위생과 영양 관련 면허가 있어 위생용품과 식품 관련 방송 대본을 작성하고 직접 출연했다. 피아노와 오르간 연주를 할 줄 알고 홍대 라이브클럽 공연을 100회 이상 즐기다 보니, 회사 사업장에 흘러나오는 음악을 선별하는 일, 이벤트 무대에 선보일 연주팀의 선정과 플레이리스트를 고르는 업무에도 참여할 수 있었다. 이직 후에도 마케팅과 사회공헌활동이라는 업무를 동일하게 겸업하게 된 것도 스무 살 이후 조금씩 해왔던 봉사활동 덕분에 가능했다. 매해 새로운 소비 흐름을 전망하는 김난도의 『트렌드 코리아』 저서에 트렌더스'날'로 활동해 집필진에 이름을 올리기도 했다. 임신과 출산 과정 중에는 마음껏 읽고 즐겁게 공부했고, 수년간 임산부합창단 단원으로 활동하며 무대에서 스트레스를 해소했다. 이토록 다양하게 시도했던 취미와 특기는 나의 업무와 삶에 도움을 넘어 큰 즐거움을 주었다. 외적인 변화만큼이나 내면 또한 긍정적이고 진취적으로 변화했다. 학창 시절의 나를 기억하는 이들은 성인이 된 내 모습이 다른 사람 같아 낯설다고도 한다. 이것들은 게으름을 포함한 나의 여러 지양점을 찾아 고치고 새로운 시도를 축적했기에 가능했다. 식습관도 이와 같다.

좋은 식습관을 들이기 위해서 잘못 축적된 식습관 패턴이 무엇인지 살펴보는 것이 우선되어야 한다. 그리고 내가 시도할 수 있는 범위 안에서 변화를 지속하는 것이 중요하다. 늘 먹는 같은 음식 재료라 하더라도 조리 방법을 좀 더 건강하게 바꾸는 식이다. 식품을 선택할 때 맛만 고려할 것이 아니라 어떤 영양성분이 포함되어 있는지 알고 먹는 것이다. 간식으로 과자를 아예 먹지 않는 것이 아니라 적당한 양을 정해서 먹는 것이다. 앞서 언급했듯, 좋은 식습관의 시작은 몸에 좋은 음식을 먹는 것보다 몸에 나쁜 음식을 먹지 않는 것이 선행되어야 한다. 몸에 좋은 음식들과 건강보조식품을 챙겨 먹으면서도 몸에 나쁜 음식을 계속해서 찾게 되면 큰 변화는 일어날 수 없다.

처음은 사소한 것부터 실천한다. 아주 작게 시작하고 그것을 반복한다. 못한다는 생각이 들지 않도록 사소한 것을 찾아서 시작하면 된다. 출근 후 커피믹스로 업무를 시작하는 사람이라면 설탕 없는 블랙커피나 녹차로 바꿔보는 것을 추천한다. 배달 음식을 자주 먹거나 야식을 즐기는 사람이라면, 배달 애플리케이션을 삭제하는 것부터 시작이다. 음료 하나 바꾼다고, 애플리케이션 하나 삭제한다고 당신의 삶엔 아무런 지장이 없으니 안심하자. 야식이 생각나는 밤에 배가 고프다면 물 한 잔을 마셔보는 것으로 변화를 시도한다. 물 한 잔 마시는 일은 어려운 일이 아니기 때문이다. 물론 한두 번 야식을 미룬다고 뚜렷한 결과가 눈에 바로 보이지는 않는다. 그렇더라도 꾸준히 야식의 횟수를 줄여가며 신경을 쓴다면 그 시도는 이미 축적되고 있는 것이다.

배가 불러도 음식을 계속해서 먹는 과식이 습관이라면 규칙적인 식사와 함께 천천히 먹도록 하는 방법부터가 시작이다. 과식은 신체에 필요 요구량 이상으로 음식물을 섭취하는 일이다. 식사할 때마다 지나치게 많이 먹거나 하루 한두 끼를 몰아서 먹는 것이 나의 가장 큰 문제였다. 습관적 과식 후엔 자책을 반복하며 늘 괴로워했다. 과식은 비만으로 이어지는 가장 큰 지름길이며 당뇨병과 고혈압 위험 요인이 될 수 있다. 또한 노화를 촉진하는 주범인 유해 산소인 활성산소를 만든다. 우리의 몸은 음식물 소화를 위해 많은 에너지와 산소가 필요한데, 다량의 음식물을 섭취하게 되면 적절한 양을 유지하던 체내 활성산소가 필요 이상으로 증가하게 된다. 활성산소 과다는 면역력의 저하는 물론이고, 세포 DNA 손상과 노화를 촉진 시켜 다양한 질병을 유발할 수 있다. 인류가 앓는 질병이 3만 개 이상이라고 알려져 있는데 90%가 바로 활성산소의 영향이라는 연구 결과도 있을 정도이다. 또한 각종 질병의 발병 위험과 질병의 악화 원인이라고 알려져 우리 몸에 활성산소가 쌓이지 않도록 과식하지 않는 식습관이 매우 중요하다.

많은 양의 음식을 짧은 시간 내에 먹는 '먹방'은 대표적인 과식 행태이다. 먹는 방송의 여러 인기 요인 중 하나는 사람들이 실제로 음식을 먹는 것과 유사한 대리만족감을 선사하기 때문이다. 또 대리만족을 넘어 해방감까지 느낀다는 의견도 많다. 사람들의 '맛있는 음식을 충분히 먹기를 원하는 욕구'를 눈과 귀로 충족시켜 주기에 먹방은 내게도 아주 매력적이다.

나는 배가 부르지 않고는 식탁을 떠날 수가 없었기에 매끼 허기짐과 싸워야 했다. 습관적 과식을 막기 위해 나는 식사하기 1시간 전 물을 마셨다. 그리고 식사 시 채소를 먼저 먹었다. 회사에서 부식으로 샐러드가 나오면 제일 먼저 샐러드를 섭취하는 식이다. 집에서 식사할 때는 다시마 같은 해조류나 잎이 많은 녹색의 쌈 채소류를 먼저 섭취하고 식사 시 토마토와 오이, 당근 등을 반찬으로 함께 먹었다. 식이섬유가 풍부한 식재료들은 식사 시 훌륭한 반찬이 된다. 채소를 먼저 먹기 힘들다면 불포화 지방과 섬유질이 풍부한 호두, 아몬드, 잣, 캐슈너트와 같은 견과류를 먼저 먹어도 좋다.

나의 경우 채소와 견과류를 먼저 섭취하고 단백질, 지방, 탄수화물 순으로 식사했다. 이렇게 식사하면 제2형 당뇨병 또는 당뇨병 전단계를 가진 사람의 혈당 조절에 도움이 되며 포만감도 쉽게 느낀다. 이는 비 당뇨병인 사람도 해당한다.

개인의 유전적 차이에 따라 최적의 식습관은 저마다 다르니 질병이 있는 유병자의 경우 전문의와 상담하며 식습관을 조절하는 것이 필요하다고 미리 밝혀둔다. 가족력(family history)이 있는 경우도 마찬가지이다. 혈연관계를 타고 이어지는 질병의 가계도를 바로 가족력이라고 하는데 쉽게 말해 혈연자들의 건강정보를 뜻한다. 3대에 걸친 직계가족 또는 4대에 걸친 사촌 이내에 같은 질환 환자가 2명 이상인 경우 해당된다. 유전 질환의 경우 병의 원인이 단일하지만, 가족력은 굉장히 복합적인 형태로 영향을 미친다. 가족력으로 특정 질환이 발생할 소인이 있는지 확인할 수 있으며 효과적인 예방과 치료에 도움이 될 수 있다. 나 또한 가족력에 자유로울 수 없기에 식단에 더욱 신경을 쓰고 있다. 가족력이 있다고 반드시 발병하는 것은 아니지만 가능성이 매우 큰 것은 사실이기 때문이다.

천천히 꼭꼭 씹는 버릇을 습관적으로 실천하는 것 또한 과식에 도움이 된다. 대부분 한국인은 흡입하듯 밥을 급하게 먹는데, 이는 뇌에서 포만감을 느끼지 못하여 과식으로 이어지는 지름길이 된다. 음식을 먹고 있고 내 몸에 영양소들이 채워지고 있다는 사실을 뇌가 인지하려면 식사 시간 15분 이상이 필요하다. 식사 속도가 빠르면 포만감을 느낄 수 있는 시간이 없어 많은 양을 먹게 되는 것이다. 빠른 식사는 충분히 씹지 않고 삼키게 되는데 이 경우 소화기관에 부담을 줄 수 있고 소화불량, 역류성 식도염 등의 위장 질환 발생 위험도가 높아진다.

또한 식사할 때 TV나 스마트폰을 보며 먹는 습관이 있다면 과식할 위험 이 크다. 영상에 몰두하다 보면, 먹는 양을 조절하기 어렵고 포만감을 인 식하지 못하기 때문이다. 나는 혼밥을 할 때만 영상을 시청하는데, 적당량 을 접시에 덜어 정해진 양만큼만 식사하는 방법을 택했다. 물론 가족들과 식사할 때는 TV 시청은 하지 않고 도란도란 이야기를 나누며 천천히 식사 하고 있다. 하루 한 끼조차 가족 구성원이 함께 모여 먹는 것이 어려운 시 대이기에, 식사 중 대화는 가족 간 단절을 극복하고 유대감을 형성하는 좋 은 방법이다. 우리 집의 경우 일찍 출근하는 남편이 가족과 보내는 유일한 시간이 바로 저녁 시간이기에 하루의 일과를 서로에게 공유하고 즐거운 이 야기를 식탁에서 나누도록 노력하고 있다. 덕분에 우리 집 아이는 식사 시 간에 영상 시청 없이 스스로 완밥(주어진 한 그릇을 완전히 비웠다는 뜻)을 하는 중이다.

현시대는 허기보다 과식이 더 문제가 되는 사회가 되었다. 영양소 부족 이 화두였던 과거와 달리 영양과잉이 건강을 위협하는 새로운 요소로 자리

잡은 건 분명하다. 과하게 단 음식, 도를 넘은 매운 음식, 갈수록 짭짤해지는 자극적인 음식 등 어른들뿐 아니라 소아 · 청소년까지 남녀노소 가리지 않고 자극적인 음식을 즐기는 시대이다. 물론 살면서 필요량보다 훨씬 많은 음식을 섭취하는 날도 있을 것이다. 야근, 회식 등을 통해 자극적인 음식들만 먹게 되는 날도 많을 것이다. 예정에 없던 약속이 생기고, 장소를 옮겨가며 길어지는 술자리 또한 잦을 것이다. 그럴 때마다 '계획이 어긋났어. 망했어!', '이미 실패했어. 그냥 먹어 버리자!' 하며 포기하지 말기를 바란다. 어제는 이미 지나가 버렸고 한번 폭식했다고 돌이킬 수 없는 강을 건넌 것은 아니다. 좋은 식습관을 유지하려고 노력해 가며 실패도 성공도 축적하자. 그것은 좋은 식습관의 밑거름이 될 것이다.

5.

천천히 먹는 음식이
보약이다

'후루룩' 물 마시듯 5분 안에 식사를 끝내는 사람을 무수히 봐 왔다. 나 역시도 급한 성격 탓에 여전히 식사 속도가 빠르다. 식사하면서도 머릿속으로는 식후의 할 일을 생각하다 보니 입과 손은 절로 가속도가 붙는다. 나는 한때 일에 중독된 일 중독자였다. 오전 6시 기상 후 7시에 출근 지문을 등록하는 것으로 업무를 시작했다. 아침, 점심, 저녁, 야식까지 하루 네 끼를 준비해 주는 구내식당이 있었지만, 소화가 안 된다는 핑계로 식사는 규칙적으로 하지 못했다. 쉼 없이 일하고 새벽 1~2시에나 하는 퇴근이었지만 너무 피곤한 탓인지 쉽사리 잠들지 못해 수면유도제를 먹었다. 늘 펜을 가지고 다니며 손바닥과 손등에는 금일 업무, 주간 업무, 월간 업무 등을 적어두었다. 내 손에 쓰여 있는 글씨를 본 후 '손은 메모장이 아니에요. 메모는 메모장에 하세요!'라는 메시지와 함께 수첩을 선물로 건넨 이도 있었다. 어느 날은 일하다 사무실 앉은 자리에서 구토해 회사 선배의 차를 타고 병원에 갔다. 또 업무 중에 심한 어지러움을 느껴 수액을 맞으면서도 기어코 야근을 강행한 날도 있었다. 식사를 제대로 할 리가 만무했고 한 번에 많이, 그리고 빨리 먹었다. 그러다 보니 어떤 음식을 먹어도 소화되지 않았다. 바쁘다는 이유로 굶을 때도 있었고 몰아서 먹기도 했으며 때론 빠른 과식을 하면서 내 몸을 돌보지 못했다. 나의 20대는 참 열정적이었고, 치열했으며 욕심을 과식한 탓에 참 빠르게 지나갔다.

건강한 식습관은 무엇을 먹느냐도 중요하지만 어떻게 먹느냐도 중요하다. 한창 건강해야 할 20대가 식사 후 소화제를 자주 찾았던 이유는 바로 먹는 방법과 속도가 건강하지 못해서였을 것이다. 우리 몸을 망치는 식습관 중에 좋지 않은 대표적인 행태는 '빨리 먹기'이다. 한국의 엘리베이터 문 닫힘 버튼은 늘 닳아 있고, 행정업무 처리 속도는 세계 최고의 수준이다. 물론 빨리빨리 풍조는 산업화에 따른 전 세계 공통적 현상이라고는 하지만, 유독 한국이 타국에 비해 빛의 속도로 발전했던 것은 이 빠르고 급한 성격과 문화 때문이 아닐까 싶다. 변화와 발전처럼 긍정적인 면도 있기야 하겠지만, 건강에서만큼은 빨리빨리 문화는 좋지 않은 면이 많다.

비만 전문 의사들의 치료법 중 '식사 행동 조절'이라는 것이 있다. 건강을 위해 식사 습관과 생활 방식을 변화하도록 하는 것이다. 예를 들면 음식을 씹을 때는 수저를 내려놓는다거나, 한 번에 반찬을 한 가지만 선택해서 씹는 것이다. 세 끼 천천히 먹는 식사 속도 조절을 통해 먹는 양을 줄이고 음식 본연의 맛을 느끼며 식사의 즐거움을 찾는다. 천천히 먹는 것은 단순히 먹는 양만 줄인다는 의미는 아니다. 빠른 식사는 과식 이외에도 수많은 단점을 동반하기에 천천히 음미하며 먹는 것을 추천한다.

빨리 먹는 습관은 비만을 비롯해 위암과 소화기계통의 암 발병률을 높인다. 빨리 먹는 습관은 뜨거운 음식을 식힐 새도 없이 먹는다는 뜻이고, 포만감을 느낄 시간도 없이 과식한다는 뜻이다. 또 충분한 저작 활동 없이 제대로 씹지 않는다는 것을 의미하며 소화기에 부담을 주거나 소화불량을 유발할 수도 있다는 뜻이다.

뜨거운 음식을 즐기는 사람은 구강이나 식도에 화상을 입기 쉽고 반복적으로 화상을 입으면 구강암과 식도암의 원인이 된다. 식도의 손상 부위가 넓어지게 되면 식도 조직이 위 조직으로 변한 상태인 바렛 식도(Barrett's esophagus)로 이어지며 결국 식도암의 위험인자가 된다. 또한 식지 않은 음식이 위로 들어가 위가 화상을 입을 수도 있는데 잦은 화상은 위암의 위험성을 높인다. 뜨거운 음식이 결국 점막 세포의 상피화를 진행하게 하고 이 과정에서 암에 대한 위험성이 높아지게 된다(실제로 2016년 세계보건기구 산하의 국제 암연구소에서는 65도 이상의 뜨거운 음료나 액체, 고온의 튀김과 적색육을 2A군 발암물질로 분류했다. 1군은 술, 담배, 베이컨이나 소시지 같은 가공육이다). 뜨거운 음식을 자주 섭취하게 되면 잇몸을 약하게 하고 충치와 시린 이의 원인이 되어 치아 건강에도 좋지 않기에 치과의도 뜨거운 음식은 적당히 식을 때까지 기다렸다 먹기를 권장한다.

또한 빨리 먹으면 포만감을 느끼기 전 많은 양의 음식을 먹게 된다. 급하게 먹는 식습관은 뇌에서 포만감을 느끼지 못해 많이 먹게 되는 악순환에 빠진다. 나는 늘 급하게 먹었고, 또 많이 먹었다. 보통의 경우 음식을 먹으면 위가 팽팽해지고 혈당이 높아지는데, 이때 식욕 억제 호르몬인 렙틴 (Leptin)이 분비된다. 렙틴이 작용해 포만감을 느끼려면 20분 이상이 필요한데, 급하게 먹으면 포만감을 느끼기도 전에 이미 과식하는 악순환이 반복된다.

성격 급한 한국인들의 식사 속도는 매우 빠른 편이며 실제로 식사 시간의 길이와 과식은 밀접한 영향이 있다고 알려져 왔다. 한 대학병원에서 진행한 연구에 따르면 한국인 10명 중 9명은 15분 이내로 식사를 마치는 '빠른 식사'를 하는 것으로 나타났다(2016 고려대 안산병원 건강검진 설문). 15분 이내로 식사를 마치는 빠른 식사의 경우, 15분 이상 식사하는 사람보다 위염 발생 위험이 최대 1.9배나 높다는 연구 결과도 있다(2015 강북삼성병원 서울 종합 검진센터). 빠른 식사는 제대로 씹지 않고 넘기기 때문에 위에서 부담을 느껴 과한 위산이 분비되며 속이 더부룩하거나 구역질, 속쓰림 증상, 기능성 소화불량이 되기도 쉽다. 서둘러 먹을 때 많이 생기는 대표적인 질환은 역류성 식도염으로, 위장의 음식물이 위산과 함께 역류해 식도로 올라오는 질환이다. 잦은 기침과 답답한 가슴 통증, 신물이 올라오는 것이 대표적 증상이다. 게다가 음식물이 머무르는 시간이 길어져 위점막이 과한 위산에 오랫동안 노출되니 우리가 흔히 아는 위염, 역류성 식도염을 넘어 고혈압, 당뇨, 고지혈증 같은 대사질환도 함께 일으킬 수 있다.

음식을 오래 씹어먹으면 좋다는 사실은 알지만 절대 쉽지 않다. 30번씩 꼭꼭 씹어서 먹는 습관은 소화 기능을 촉진한다. 타액에는 전분을 분해하는 아밀라제, 당을 분해하는 프티알린, 지방을 분해하는 리파아제 등의 소화효소를 함유하고 있어 1차 소화를 담당한다. 많이 씹을수록 음식물이 잘게 부서지니 소화기관의 부담을 덜어주는 셈이다. 음식을 최소 30번 이상 씹어서 섭취하면 소화력이 증진될 뿐만 아니라 튼튼한 치아와 잇몸 유지에 도움이 된다. 음식물을 잘게 부수고 분해하면서 동시에 침이 생성되어 구강건조를 막는다. 치아가 맞물리는 저작운동의 진동이 잇몸과 잇몸뼈에 적절한 자극을 주어 치아 건강에도 도움이 된다.

많은 단점을 가진 '빠른 식사'의 속도를 제어하면서, 천천히 그리고 즐겁게 음식을 섭취하는 방법은 어디서부터 시작해야 할까. 음식은 최소 30번이상 씹어서 섭취 속도를 조금만 늦추자. 섭취에 앞서 메뉴를 선택할 때도 건강을 생각하면서 시간을 들여 선택하고, 조리 방법도 바꾸어 가면서 다양한 맛과 질감을 찾는다. 사계절을 품은 우리나라의 특성상 그 계절 가장 알맞게 익은 음식들을 챙겨 먹다 보면 일 년이 훌쩍 넘어간다. 나는 그 계절 가장 알맞은 재료로 만든 제철 음식을 천천히 음미해 보기를 추천한다. 내가 조리사, 위생사, 영양사 면허를 취득하며 알게 된 것은 제철 음식은 보약과 같다는 것이다. 그 계절의 식재료를 활용하는 것은 대단한 조리법이 필요 없는 데다, 영양과 맛이 풍부하기에 우리 몸에 참 이롭다. 또한 제철 식재료는 저렴한 편이기에 가정의 경제적 측면에서도 이득이다. 제철 식품을 선택하면 운송과 생산 자체에서 발생하는 오염을 줄일 수 있다. 신선도가 높아 식재료 본연의 맛을 느낄 수 있는 것도 장점이다. 제철 수확한 식품은 인위적 숙성 과정을 거쳐 보관된 식품보다 훨씬 신선하고 맛과 향이 좋다. 또한 먹을 만큼만 로컬푸드로 구매하면 농촌 지역 발전에 도움이 된다. 환경 보호와 생산자의 안정적인 소득 구조 창출, 소비자의 안전 먹거리 확보 측면에서도 큰 장점이 있다. 알맞은 양으로 남지 않게 조리하여 환경을 생각하는 식생활이야말로 결국은 나와 환경 모두를 위하는 일이기도 하다.

씹을 것도 없이 부드럽게 넘어가는 정제된 음식이나 가공육보다는 되도록 가공되지 않은 자연식품 위주로 선택하는 것이 좋다. 패밀리 레스토랑에서 흔히 나오는 길쭉하고 얇은 슈스트링, 패스트푸드점의 레귤러컷, 껍질 붙은 초승달 모양의 웨지컷, 호프집에서 주문하면 나오는 크링클컷, 이 외에도 아침 메뉴의 대명사 해시브라운, 벌집 모양의 레티스컷 등 시중에서 정말 다양하고 맛있는 감자튀김을 만날 수 있다. 가끔은 이런 냉동식품 대신, 맛있는 국산 햇감자를 구매해 껍질을 벗기고 적당한 크기로 자른 후 직접 기름에 튀기는 감자튀김을 시도해 보기를 추천한다. 감자 본연의 달큰하고 고소한 맛을 한번 느껴보면, 소금 없이도 충분히 훌륭한 맛을 내는 음식 재료라는 것을 느끼게 될 것이다. 감자와 튀길 기름, 단 두 가지의 재료로 직접 만든 감자튀김은 식품첨가제에서 자유롭고 나트륨과 트랜스지방으로부터 멀어진다. 덜 바삭하고 자극적이지 않은 데다 나의 노동과 시간이 많이 투입되는 일이라 망설여질 수도 있다. 그러나 냉동 감자튀김 봉지의 '원재료명 및 함량'에 무수히 적힌 20가지의 향신료와 식품첨가물을 본다면, 때로는 단 두 가지 재료로 집에서 만든 감자튀김의 맛이 합당해지는 날도 있을 것이다.

　나 또한 바로 책상 앞에 앉아야 하는 일이 잦고, 때로는 배달 음식으로 모니터를 응시하며 '점심 때우기'를 한다. 가끔 냉동 감자튀김과 치킨을 에어프라이어에 돌려서 식탁에 내는 날도 있다. 요리할 만큼의 체력과 시간이 없을 때는 몸은 편하지만, 건강에는 편치 못할 메뉴를 택할 때도 있다. '바쁘다 바빠! 현대사회!'에서 '천천히 먹기 고수'는 되지 못했지만 스스로 노력하며 진화하고 있다 믿는다.

　편의식품이 발달함에 따라 사라져가는 각국 전통 음식들이 많다고 한다. 건강을 중시하는 인식이 자연스레 전통식을 보존하려는 노력으로 이어지고, 지속적인 슬로푸드 실천과 건강한 식생활 문화의 정착이 미래의 중요 과제가 되었다. 비옥한 우리 땅에서 농부들이 정성껏 키운 재료들을 나의 시간과 노력을 더 해 음식을 조리하는 것으로 '빨리빨리' 식문화를 탈피해 보자. 조리가 끝난 후에는 준비 시간 못지않게 식사 시간도 느긋하고 여유로워야 한다. 당신은 알고 있는가? 어느 하나 쉽게 식탁에 오르는 식재료가 없다는 것을. 음식의 모든 식재료는 엄청난 시간과 온도, 헤아릴 수 없는 노동으로 이루어진 것들이기 때문이다. 이 소중한 과정을 거친 재료들이 조리 방법과 섭취 방식에 따라 우리 몸에 어떤 역할을 하게 되는지를 생각하며 매 끼니 감사한 마음을 가져 보자.

천천히 먹는 방법은 간단하다. 식사할 때만큼은 TV와 스마트폰을 내려놓고 음식에 집중하는 것이다. 20분 이상 식사하겠다는 마음으로 서두르지 말고 음식을 30번 이상 꼭꼭 씹는다. 그리고 식재료의 풍미와 질감, 맛을 깊게 느끼고 음미해 본다. 음식을 삼킬 때까지는 식기류에서 손을 내려놓는 여유를 갖자. 천천히 식사하면서 일행과 즐거운 대화도, 가족과 일상을 나누는 것도 좋다. 어쩌면 식탁에서 이루어지는 가족들 간의 대화 때문에 식사 시간이 점점 기다려질지도 모를 일이다. 매 순간 음식을 충분히 즐기며 당신의 인생도 천천히 음미하기를 바란다.

6.

꾸준히 식습관을
잘 들이기 위해서

당신의 MBTI 중 세 번째 자리는 T(Thinking)인가 F(Feeling)인가? 사실 당신이 T인지 F인지는 중요하지 않다. 당신의 식욕이 F라는 것이 중요하다. '내 식욕이 F라고?' 의아해하는 이들이 있을 것이다. 그렇다. 식욕은 상당히 감성적 성격이 강하기 때문에 단연코 F(Feeling)라고 정의할 수 있다.

'나 우울해서 빵 샀어.'라고 했을 때, '무슨 일이야? 왜 우울해?'라고 묻는 사람이 있고 '우울한데 왜 빵을 사?' 혹은 '무슨 빵을 샀는데?'라고 물어보는 사람이 있다. 후자처럼 빵을 산 행동이 이해 안 된다거나 빵의 종류를 묻는 사람은 공감 능력이 떨어진다고 질타받기도 한다. 이는 MBTI에서 사고 성향과 감정 성향 판별법 중의 하나이다. 성격을 16가지로 나누는 MBTI는 자기소개 필수 항목에서 혈액형을 대신할 만큼 관심이 높다. T는 Thinking

의 약자로 객관적 판단을 중시하는 논리형이지만 F는 Feeling의 약자로 주관적인 공감을 중시하고 결과보다 감정에 초점이 맞춰진 감정형이라고 한다. 앞선 질문에 대한 답은 사실 필요치 않다. 당신의 식욕은 놀랍도록 감정적이기 때문이다. 당신이 밥을 먹고 있거나 식사 완료 후 배가 부른 상태여도, 갑자기 노출된 스트레스에 입맛이 확 당기고 더 먹고 싶은 생각이 든다면, 좋지 않은 기분과 그 감정이 식욕이 된 것이다. 기분이 메뉴가 된 것이다. 매일 스트레스에 노출된 현대사회를 살다 보니 나 역시 달고 맵고 짠 음식이 간절하다.

식욕은 감성적이다. 식습관을 변화하는 과정에서 가장 어렵고 과학적으로 설명할 수 없는 부분이 바로 식욕이라는 녀석이다. 식욕은 무섭게도 쾌락 중추와 맞물려 있어, 단순히 먹는 것 이상으로 우리 뇌에 작용할 수 있다. 마치 마약과도 같다. 신장이 160cm인 내가 70kg 이상의 고도비만이 된 후 식욕이 조절되지 않아 과식과 폭식 그리고 구토를 반복했다. 보통 사람은 배가 고프면 체내 지방세포에서 렙틴(Leptin)이라는 신경전달 물질이 분비돼 뇌 시상하부의 식욕 중추를 자극하게 된다. 이때 음식을 먹게 되면 렙틴의 분비가 멈춘다. 하지만 고도비만인 사람은 체내 과도하게 축적된 지방세포로 인해 신호 전달 체계에 문제가 생겨 음식에 대한 통제력을 상실하게 된다. 마약처럼 모든 중독에는 내성이 생기기 마련인데, 음식에 중독된 사람은 갈수록 더 많은 양의 음식을 원하게 되니 체중이 불어나는 악순환에 빠진다. 음식을 많이 먹는 일은 범죄가 아니기에 하지 말아야 할 강제성도, 멈출 의무도 없다는 것이 문제다. 실제로 해외 연구에서 고도비만 환자가 음식을 섭취할 때 마약 복용 증상처럼 극도로 흥분된 상태에 이른다는 연구 결과가 보고되기도 했다.

나 또한 고도비만이던 시절 스트레스를 해소할 만한 음식이 없는지 찾았고 먹고 싶은 음식은 기어코 먹었다. 포만감을 넘어 숨도 쉬어지지 않는 불쾌감으로 가득 찼던 식후는 늘 괴로웠다. 감성적인 식욕을 달래기 위해 과식하면 더 감성적이 된다. 자존감이 저하되고 점점 비만해지고 있다는 자괴감을 느낀다. 이후엔 실패했다는 좌절감에 다이어트 약을 털어 넣는다든지, 다음 끼니는 굶는 식이다. 영국의 한 대학 연구팀에 따르면 우울증이 없던 사람도 체질량지수가 높아지거나 체중이 증가하면 우울감에 취약해진다고 한다. 나 또한 명절 음식을 너무 많이 먹은 죄책감에, 지인이 나눠준 다이어트 알약 한 알을 섭취 후 탈수증세로 응급실에 간 일이 있다. 다이어트를 핑계로 건강한 몸을 함부로 했고, 인정받고 잘 해내고 싶은 그 마음이 지나쳐 결국 마음과 몸에 병이 났다. 무엇이든 극도로 치우친 감정적 선택은 좋지 않다. 식욕도 식습관도 그러하다. 나는 평생 지녀 온 나의 성향이 단번에 바뀌지 않을 것을 안다. 아마 평생 바꾸기는 어려울 것이다. 변화를 시도하고 극복한다는 것은 여간 어려운 일이 아니다. 많은 시간과 노력이 필요하고, 또 힘들게 노력했더라도 완벽하게 극복되지 않을 확률이 높다. 사실 불가능에 가깝다. 그저 이성과 감성의 적절한 비율로 좋은 식습관과 생활 습관을 실천하도록 노력하는 것이다.

꾸준히 식습관을 잘하기 위해 식욕만큼은 T(Thinking)가 되어야 한다. 객관적이어야 하고 원인과 결과를 파악해야 한다. 기분에 따라 달라지는 것이 아니라 원칙을 중시하는 이성적 판단해야 한다. 나아가 질문 지향적이어야 한다. 왜 내가 이 음식을 먹고 싶어 하는지, 섭취 후에 후회하지 않을 판단을 할 수 있는지 고려해 봐야 한다. 식욕이 메뉴가 되지 않게, 기분이 음식의 양으로 불어나지 않게 식사 전 대담하게 물어야 한다. 과식한 후에도 짧지만, 비평적으로 문제를 해결하는 것이야말로 올바른 식습관을 향해 나아가는 것이다. 나의 성격은 감성적이지만, 식습관에 있어서는 이성적으로 변화했기에 나는 20kg의 체중을 감량했고, 약 20년을 유지했다.

너무 많은 것을 하려고 하지 마라. 지킬 수 있는 최소한의 항목을 만들어 수행하고, 점점 시도를 확대하는 것이 좋다. 성적이 하위권일 때는 풀 수 있는 문제 위주로 공부하고, 중위권이 되면 중간 수준의 문제 위주로 탄탄히 기초를 다진 후 심화 문제로 넘어가는 것처럼 식습관도 이와 같다. '튀긴 음식이나 과자는 절대 먹지 말아야지!'라는 식의 실현 불가능한 목표를 설정하게 되면 결코 좋은 성과를 내지 못한다. '밥은 두 숟가락 덜어 내고 먹기', '과자는 반 봉지만 먹기', '늦은 저녁보다는 낮에 먹기'식의 실현 가능한 수준으로 설정한다. 그리고서 내 몸에 익게 되면 차근차근 점진적으로 과자의 양을 줄이거나 간식 종류의 변화를 준다. 나아가서 '간식보다 끼니에 집중하기' 등을 하는 것이다. 식사 시간 전 간식과 달콤한 커피를 즐기고, 자기 직전 야식을 즐기는 잘못된 식사 패턴은 좋지 않은 습관이 되어 건강을 해치게 된다. 식사가 부실해서 간식을 찾는다면 고단백 메뉴를 선택하는 것이 좋다. 허기짐을 식사가 아닌 간식으로 달래는 것은 어리석은 짓이다. 나의 경우 서서히 과자류의 간식을 줄였더니 섭취 욕구가 줄었고, 끼니에 더 집중하게 되었다. 작년 한 해 기준, 내가 섭취한 과자의 양은 한 봉지 70g 기준으로 열 봉지 미만이다.

세계보건기구(WHO)에서 권고하는 가공식품을 통한 당류 섭취량은 1일 섭취 열량의 10% 이내(2,000kcal 기준 50g)이다. 서울시는 하루 당류 섭취량을 50g 아래로 줄이는 당류 저감화 사업인 '일당 오십' 프로젝트를 23년 12월부터 추진 중이다. '일당 오십'은 당류 섭취를 줄여 혈당 상승으로 인한 비만, 당뇨, 고혈압 등 각종 성인병을 예방하자는 취지에서 기획되었다. 첨가당의 주요 급원으로는 설탕, 액상과당, 물엿, 당밀, 꿀, 시럽, 농축 과일 주스 등이 있다.

식욕만큼 중요한 것은 적절한 운동과 휴식이다. 건강한 몸과 마음의 근력은 운동에서 나온다. 어린이와 청소년 같은 성장기 시기에는 몸에 적절한 자극이 되는 운동을 하면 성장호르몬이 활발히 분비된다. 일주일 3~4회 최소 하루 30분 이상 활발한 신체활동을 하면 키 성장에 도움이 된다고도 알려져 있다. 중장년에서 노년의 경우는 골다공증 관리와 골절 예방을 위해 적절한 운동을 권장한다. 아령이나 모래주머니를 이용해 근육을 강화하는 간단한 근력운동과 걷기, 계단 오르기, 댄스 등의 체중 부하 운동을 통해 노화로 인한 정신적·신체적 증상을 줄일 수 있다. 나와 같은 30~40대 젊은이들은 바쁜 직장 생활 속에서도 틈틈이 할 수 있는 운동을 찾아야 한다. 나는 필라테스와 춤을 선택해 1시간씩 일주일에 3~4번 운동하고, 하루 두 번 계단 오르기를 한다. 물론 시간을 내어 운동하기는 어렵다. 그렇다면 최소한 식후만이라도 운동하기를 추천한다. 혈당치 상승을 억제할 수 있기 때문이다. 공복 운동은 자칫 폭식을 불러올 가능성이 있기에 개인적으로 식후 운동을 더 선호하는 편이다. 물론 개인에 따라 운동시간은 정하기 나름이다. '식후 운동은 소화에 방해가 되지 않나요?'라고 묻는다면 운동이 소화에 방해가 될 만큼 배가 부르게 많이 먹지는 않았는지 생각해 보자. 식후 한참을 쉬어야 할 만큼의 과식을 하지 않는 것이 선행되어야 한다.

우리 가족은 저녁 식사 후 30층 계단 오르기를 주 3회 실천하고 있다. 아이를 향한 걱정이 무색하게도 6살 꼬마는 단 한 번도 선두 자리를 놓친 적이 없다. 온 가족이 30층을 오르는데 소요되는 시간은 6분 30초 전후이다. 우리 부부는 각자 퇴근 시 계단을 이용하기에 하루 계단 50층 이상의 계단을 오르는 셈이다. 계단을 오르는 일은 유산소와 무산소가 결합한 운동이며, 혈액순환에 도움이 된다. 심폐 체력을 강화하며 혈중 지질 농도를 개선한다. 무엇보다 시간 대비 효과가 확실해 가성비가 좋은 운동법이다. 계단을 오르는 일은 평지를 오르는 일보다 분당 산소 섭취량(에너지 소모량)이 2배이고, 5분의 계단 오르기는 하루 만 보 걷기와 맞먹는 효과가 있다. 매일 계단 8층 이상을 꾸준히 오르면 사망률 33%가 낮아진다는 미국 하버드 의대 연구 결과도 있다. 아이는 방과 후에 주 5회 운동하고 우리 부부는 하루 8,000보를 목표로 걷는다. 평일 중 이틀은 온 가족이 함께 축구나 야구 연습, 줄넘기를 한다. 주말이나 공휴일에는 경기장 관중석에서 축구나 야구 경기를 관람하는데 온 가족이 같은 팀을 응원하며 유대감을 형성한다. 예를 들면 집에서 가까운 서울 월드컵경기장에 가서 'FC서울'을 응원하고 경기 전후로는 한강공원에서 운동하며 하루를 보내는 식이다. 우리 가족은 야구를 좋아하기에 월 4~5회의 야구 경기를 관람하며 목청껏 응원한다. 아이는 'LG트윈스' 어린이회원 '엘린이'로 활동하며 스포츠를 직간접적으로 체험한다. 메이저리그 경기 직관을 희망하고, 그 무대에서 홈런타자가 되어 뛰어 보고 싶다고도 한다. 스포츠정신과 규칙을 이해하며 땀을 흘리다 보면 어느새 아이 마음도 단단해져 있다. 나는 아이가 몸과 마음의 건강을 위해 평생 운동을 가까이하기를 바란다. 노년에도 운동을 체득하고 생활화하기를 바라는 것이다.

우리의 인생은 길다. 백세시대가 아닌가. 원하는 목표에 도달하고자 맹목적으로 전력 질주하다가 소중한 것을 놓칠 수도 있다. 목표에 도달 후 많은 것을 잃었다는 것을 아는 순간 이미 돌이킬 수 없는 경우가 생기기도 한다. 어떤 질병에 이런 음식이 좋다며 지나친 편식을 하는 경우 혹은 살을 빼기 위해서 수단과 방법을 가리지 않고 극단적인 식단을 하는 경우도 마찬가지이다. 질병에 대한 호전이나 요요 없는 체중 감량이 쉽게 되지 않을 것이다. 편식 없이 골고루 먹기, 향신료를 사용해 소금과 설탕 줄이기, 규칙적으로 알맞게 먹기, 잠들기 전 최소 2시간 전에는 식사를 끝내기 등의 간단한 원칙들로 시작하자. 한 번에 모든 것을 변화하겠다는 마음보다 당장 실천할 수 있는 일들을 하다 보면 건강과 한 발짝 가까워질 것이다.

오늘 잘못된 식사를 했더라도 '괜찮다. 잘하고 있다.'라며 자신을 독려하라. 잘 해내는 자신을 향한 칭찬도 아끼지 마라. '난 왜 이렇게 의지가 약할까? 왜 또 과식했을까?', 내가 정한 규칙을 어긴 식사라도 하게 되면 부정적인 말과 생각들이 머릿속에 가득 찰 것이다. 잦은 자책도 습관이 된다. '잘하고 있어! 과거와는 참 많이 달라졌어. 시작이 반이야. 인생은 길어!' 나를 공감해 주고 위로해 주고 격려하는 말로 나를 토닥여 보자. 어제는 지나가 버린 과거이고 한번 폭식했다고 그간의 노력이 물거품이 된 것은 아니다. 좋은 식습관을 유지하려고 노력해 가며 실패도 성공도 축적하자. 착실하게 시도를 축적하고 변화해 나가면 좋은 방향과 결과로 나아가는 원동력이 된다. 자신에게 맞는 상황과 기준으로 건강한 식습관을 성실히 수행한다면 꽤 괜찮은 변화에 다다를 수 있을 것이다. 오늘도 당신에게 끝없는 박수를 보낸다. 좋은 식습관은 여러분을 건강이라는 긍정적 결말에 이르게 할 것이다.

운동으로
성취감을
끌어올려라

HABIT 5

나의 작은 행동이 차곡차곡 쌓이게 된다면

그것은 분명 나에게 영향을 미친다.

당신의 삶에 운동으로 성취감을 끌어올려라.

1.

나를 돌보는 것이
우선임을 알라

우리는 삶에서 중대한 순간 습관을 계획한다. 새로운 새해를 시작하면서, 혹은 어떠한 문제가 생기거나 그로 인해 내 삶에 무엇인가 필요한 것을 인식할 때 계획하기도 한다.

습관에 대한 사전적인 정의는 어떤 행위를 오랫동안 되풀이하는 과정에서 저절로 익혀진 행동 방식을 말한다. 그러기에 어떤 행동이 습관이 되기 위해 걸리는 시간은 어렵지만 습관이 형성되면 편리하다. 사람들은 좋은 습관을 생각하고 자기 삶에 그 습관을 장착하고 싶어 한다. 나 역시도 새해 새 마음으로 여러 가지 좋은 습관들을 계획하고 생각했던 과거가 있다. 평소 하지 않던 이런 좋은 습관이 내 삶에 진정한 습관으로 자리를 잡기는 쉽지 않았다. 그중에서도 운동을 나의 습관으로 계획하기까지는 정말 쉽지 않았던 것 같다.

　나의 경우, 결혼하고 출산하며 아이를 양육하는 과정에서 특히 아이가
어릴 적 자주 아픈 경험이 있다. 아이가 유치원에 다녔던 시절에는 한주 등
원을 하면, 감기에 걸려 두세 주는 쉬어야 했다. 주변 사람들이 '아이들은
아프면서 크는 거야'라고 이야기를 해서 시간이 지나면 해결될 것이라고
믿었던 아이의 건강은 초등학교 생활을 하는 동안에도 계속해서 나의 발목
을 잡았다. 아이가 여러 명 있는 집에서는 누구나 비슷한 경험을 겪을 것이
다. 한 아이가 아프면 그 아이가 나을 때쯤에는 다른 아이도 아프다. 온 가
족이 돌아가며 아프게 된다.
　나는 그런 반복적인 상황을 겪으며 많이 지친 상태였고, 이러한 상태가
누적이 되어 별로 좋지 않던 위장이 단단히 고장이 났다. 병원에서는 편안
한 마음으로 지내야 나의 상태가 좋아질 거라는 처방을 주었다. 결국 받아
온 것은 스트레스를 자주 받지 않아야 한다는 것과 통증을 멈추어 주는 약
일 뿐이었다.

　심리학에서는 보통 어떠한 문제가 반복되다 보면 어디론가 그 문제가 표
출된다고 본다. 우리 몸의 이유를 알 수 없는 스트레스를 받아야 하지 않는
증상들 또한 그렇다. 어쩌면 나의 몸은 계속해서 나에게 신호를 보내고 있
었는데도 나는 그것을 무시한 채 가던 길을 계속 가고 있었다. 아픈 마음은

그것을 알아주고 달래 주기를 바란다. 그런데 그것을 알아주지 않으면 아픈 마음은 몸을 통해 다시 신호를 보낸다. 다양한 신체적인 증상이 바로 그것이다. 의사의 스트레스를 받지 말아야 한다는 처방을 받았으면 무언가 내 삶에 스트레스를 생각해 봐야 했을 것이다. 이론적으로는 알고 있으면서도 나 역시도 지쳐 있었나 보다. 나는 나의 문제를 자각하지 못하고 있었다.

내가 문제가 생긴 것을 스스로가 자각하였을 때는 코로나 19 팬데믹으로 제대로 된 사회생활과 외부 활동을 자제하면서부터였다. 하루하루 뉴스에서는 바깥 활동을 금지하고 아이들 학교에서는 온라인 수업이 시작되었다. 결국 오롯이 집 안에서만 지내다 보니 쌓여 가는 집안일, 첫째 아이의 건강 문제, 둘째 아이의 육아까지 감당이 되질 않았다. 생전 처음, 아이들에게 이유가 무엇인지도 모를 알 수 없는 화를 내고 나서는 '나도 별수 없구나. 내가 과연 남의 문제를 도와주는 심리치료사 맞나?'라는 생각에 스스로에게 화가 나기도 했다. 그리고 비로소 그때, '나는 행복하지 않다. 무언가 나에게 문제가 생긴 것 같다'라는 자각이 들었다.

문제 속에 내가 깊이 들어가 있으면, 내가 문제가 생겼다는 생각을 하지 못한다. 마치 우물 안의 개구리와 같다. 신체적으로도, 정신적으로도 나는 내가 어떠한 문제가 있다는 것을 어렴풋이 깨달았으나 현재를 살아가느라 그런 문제를 곰곰이 생각해 보지 못했다. 나는 마치 우물 안 개구리처럼 그 자리에서 맴돌면서 스스로를 탓하고 날마다 기계적으로 살아가고 있었다.

그래도 심리학을 조금 더 배운지라 스스로 문제를 자각하고 나서는 현재의 나의 상황에서 가장 필요한 것은, '집 안'이라는 한정된 공간과 상황에서 반복적으로 같은 생각을 하는 나의 생각을 다른 곳으로 전환할 필요성을 느꼈다. 불쾌한 감정을 느끼고 있다는 것을 알아차렸고 처한 상황이 감정을 다룰 만한 상황이 아니라면 일단 주의 분산적인 방법을 통해 불쾌한 감정을 완화시키는 것이 효과적일 수 있다. 그래서 가장 쉬운 방법으로 몸을 움직이고, 운동하는 습관을 들여야겠다고 생각했다.

운동 습관이 나의 삶에 적용되기 전까지는 나 역시도 습관이 생각처럼 잘 실천되지 않았다. 작심삼일이 아닌 작심이일이 되기도 했고, 운동 습관을 한다고 무리해서 의도치 않게 아프기도 했다. 여러 번, 시행착오를 겪으며 운동 습관을 들이던 나의 이야기를 함께 나누어 보고자 한다.

2.

단순한 운동부터
시작하라

'운동을 한다'라고 생각하면 보통 어떤 모습이 가장 떠오를까? 멋진 스포츠복을 입고 격렬하거나 일련의 동작하는 모습, 혹은 멋진 운동기구를 하는 모습이 가장 먼저 떠오른다.

그러다 보니 운동은 왠지 어렵고, 잘해야 할 것 같은 생각이 먼저 떠오른다. 나 역시도 마찬가지였다. 나는 운동을 좋아하지 않는 아이였다. 학교에서 체육 시간을 좋아하지도 않았고, 성인이 되어서는 의무적으로 해야 하는 체육 시간이 없으니 더더욱 운동을 좋아할 계기는 줄어들었다. 그런 내가 나의 건강을 위해서, 아이들의 건강을 위해서 운동을 해봐야겠다고 마음을 먹었으니 어떻게 해야 할지 구체적인 방법이 떠오르지 않았다.

처음 운동을 전문적으로 가르쳐 주시는 선생님이 있는 운동센터로 갈까 생각했다. 그런데 때는 코로나19 팬데믹으로 자유로운 외부 활동을 지양해 달라는 시기였기 때문에 여의찮았다. 또한 아이들의 건강을 위해서라도 아이들과 함께 운동해야 하는데 역시 외부활동을 지양해야 하는 시기라 이래저래 적합하지 않았다.

그래서 내가 최종적으로 결정한 운동은 홈 트레이닝이다. 홈트는 거창한 도구 없이 집에서 할 수 있는 운동을 하는 것을 통칭한다. 홈트의 가장 큰 장점은 언제 어디서고 내가 원하는 시간에 할 수 있고 편안하고 익숙한 공간인 집에서 할 수 있다는 점이 가장 큰 장점이다.

나의 인생 첫 홈트는 제자리뛰기였다. 단순하게 아이들과 함께 두꺼운 매트 한 장 깔고, 줄넘기를 시작했다. 층간소음으로 줄 사용은 하지 못하고 말 그대로 제자리뛰기를 하기 시작한 것이다. 처음에는 익숙하지 않아 100회 정도를 목표로 시작했다. 안 뛰다가 뛰니, 100회가 쉽지 않았지만 내가 포기하면 아이들도 하지 않을 것 같아 무작정 시작했다. 준비운동이고 뭐고 잘 몰라 처음 운동을 시작하던 날, 맙소사! 숨이 이렇게 차다니!! 아이들에게는 "쉽지? 이제 엄마랑 매일 시작해 보는 거다!"라고 아무렇지 않게 이야기했지만 실제로 아무런 준비 없이 뛰고 나니 숨이 차고 얼마나 힘들었는지 모른다. 말 그대로 부족한 체력이라는 것을 몸소 깨달았다.

지금은 운동을 시작할 때, 혹시 모를 부상과 몸을 깨우기 위해 준비운동을 꼭 시작하고 운동하지만, 그때는 그런 것도 잘 몰랐다. 그저 아이들과 하루에 한 번 "얘들아, 엄마랑 운동 같이하자"라고 불러 밑도 끝도 없이 100회를 넘었으니 지금 생각해 보면 내가 그 시기에 운동을 하겠다는 마음만 앞섰다.

신기하게도 처음 몇 번은 숨이 그렇게 차더니, 3일 정도쯤 되자 숨이 차는 증상은 사라졌고, 1주일 정도가 되자 100회 정도는 쉽게 제자리에서 끝내서 할만해졌다. 그래서 2주일 차가 되자 100회에서 110회, 110회에서 120회, 슬금슬금 200회 정도로 횟수를 올렸다.

그렇게 하다 보니 한 달도 되지 않아서 500회 정도는 쉽게 할 수 있는 수준이 되었다. 다만, 횟수는 올랐는데 내가 간과한 것이 있었으니 무작정 숫자를 세면서 횟수를 올리니 이 과정이 무척 지루했다. 아이들은 곧장 "엄마, 이거 재미없는데? 꼭 해야 하는 거야?"라며 피드백을 날렸고 졸지에 좀 더 운동을 지루하지 않도록 하는 방법을 생각해 보게 되었다.

그 때, 접하게 된 것은 유튜브이다. 가끔 시간을 보낼 때 짧은 영상을 보던 것을 제외하고 유튜브를 잘 보지 않던 나에게 유튜브의 운동하는 영상은 관심 없는 채널과 마찬가지였다. 유튜브의 운동을 검색해 보니 어찌나 다양한 운동을 하는 사람들이 나오는지 놀라웠다. 아이들과 서로 1부터 숫자를 세면서 운동을 하다가 이제는 거실 텔레비전에 유튜브 영상을 미러링해서 운동을 하기 시작했다. 줄넘기를 뛰더라도 같이 함께해 주는 사람이 있고, 적절한 음악도 준비되어 나오니 나의 부담이 훨씬 덜했다. 그렇게 운동 초기에는 아주 약간씩, 시간을 들여 운동을 시작하였고 몸에 익지 않은 습관이기 때문에 매일 적은 시간이라도 꾸준하게 시간을 들여 습관을 형성하려고 노력했다.

『아주 작은 습관의 힘』의 저자 제임스 클리어는 습관은 많은 시간보다도 오랜 시간 동안 지속해야 하며, 쉽게 이루어져야 습관 형성이 된다고 말했다. 생각해 보면, 초반 운동 습관을 형성하기 위해서 내가 했던 행동도 아주 작은 행동이었다. 너무 쉬워 보이는 아주 작은 도전을 하자. 거창할 필요는 없다.

일단 3분 만이라도 시작하자. 3분을 할 수 있다면 그 뒤, 5분도 가능해진다. 당장 마라톤을 시작하라고 한다면 그것은 어렵고 큰 목표이다. 하지만 운동화를 신기는 쉽다. 또한 5분 동안 걷는 것은 누구나 가능하다. 그 뒤, 10분 걷기, 1,000보 걷기, 1km 걷기, 달리기의 순서로 습관의 영역을 넓히는 것이다. 작은 도전이 성공하면 그 성공은 또 다른 성공을 낳는다.

좋은 습관을 들이는 데 있어서 보상 역시도 필수다. 나의 경우, 아이들과 함께 운동을 시작했으니 잘 하고 있다는 엄마의 칭찬과 짧더라도 운동을 하고 나면 오늘도 잘 해냈다는 스티커를 주었다. 목표한 곳까지 성취할 때는 소소한 보상을 약속했더니 아이들이 생각보다 잘 따라왔다. 이것은 비단 아이들에게만 적용되지는 않는다. 스스로에게도 아낌없는 칭찬과 보상을 준비하자. 보상은 단순히 잘한 것에 대한 칭찬뿐 아니라 우리의 뇌에 즐거움과 긍정적인 반응을 보여준다. 심리학자 에드워드 손다이크는 학습 과정에 대해 이렇게 묘사했다. '만족스러운 결과를 내는 행동은 반복되는 경향이 있고, 불쾌한 경험을 하게 하는 행동은 덜 반복되는 경향이 있다' 어떤 활동을 하고 난 뒤, 보상 활동은 결과적으로 만족스러운 결과를 우리 뇌에 학습시키는 것이다. 보상이 아주 큰 보상이 아니더라도 본인에게 의미가 있다면 습관을 형성하는 데 있어 좀 더 효과적으로 그것을 지속할 수 있게 만들 것이다.

3.

운동의 가장 큰 공은
'성취감'이다

로스앤젤레스에서 뉴욕으로 비행한다고 생각해 보자. 로스앤젤레스 공항을 출발한 조종사가 남쪽으로 3.5도만 경로를 조정해도 뉴욕이 아니라 워싱턴 D.C에 착륙하게 된다고 한다. 비행기 앞머리가 단 몇 m를 움직이는 것처럼 작은 변화라 해도 미국 전체를 가로질러 간다고 하면 결국 수백 km 떨어진 곳에 도착한다. 이처럼 일상에서의 작은 습관은 그 자체로는 무척 미미하지만, 그것이 모이면 전혀 다른 곳으로 나아갈 수 있다.

사람들은 대부분 나쁜 습관을 버리거나 스트레스를 줄이거나 어떤 습관을 이루기 위해서 극단적이고 대단한 무엇인가를 해야 한다고 생각한다. 그래서 극단적 선택으로 성공한 사람들은 높은 평판을 얻기도 한다. 물론 그것이 아주 불가능하다는 것은 아니다. 그렇기 때문에 가끔 우리는 신체적,

정서적, 정신적 역량을 넘어서도록 자신을 몰아붙이곤 한다. 그렇지만 대부분의 인간은 그런 노력을 잠깐은 할 수 있지만 지속적으로 할 수는 없다.

사소한 행동은 실행하기 쉽고 지속 가능하다. 매일 우리가 이루어 내는 작은 성공은 처음에는 너무 미미해서 잘 알 수 없지만 분명 변화를 가지고 온다. 작은 성공은 우리에게 긍정적인 마음을 가지고 온다. 우리는 살아가며 여러 환경과 그에 따른 다양한 감정을 느낀다. 그 다양한 감정들은 우리의 일상을 변화시킨다. 부정적인 감정도, 우울한 감정도 모두 우리가 삶을 살아가는 데 필요한 감정들이다. 하지만 나의 삶에 긍정적인 감정이 더 많아진다면 어떠한 일을 실천하는 데 좀 더 성공의 가능성이 높아질 수밖에 없다. 이는 수많은 심리학 연구에서 나타나고 있다.

마틴 볼트의 『긍정심리학』에서는 긍정적인 심리학에 관한 연구들이 나온다. 긍정적인 심리적 상태를 가진 대학생들은 새로운 도전을 더욱 성공적으로 느꼈고, 학기 말에 정서적인 스트레스가 더 낮았다. 긍정적인 감정은 심각한 수술의 스트레스를 줄여주어 긍정적인 심리적 상태를 가진 환자는 비관적인 환자에 비해 고통을 덜 경험한다고 한다. 긍정적인 심리적 상태를 가진 학생들은 학기의 마지막 달에도 그렇지 않은 학생들에 비해 더 나은 신체적인 건강을 보고했다.

이런 여러 가지 연구의 결과에서 알 수 있듯이 긍정적인 심리적 상태는 삶과 스트레스 상황에서 더 적응적인 방식으로 대처할 수 있도록 해 준다. 이러한 긍정적인 심리적 상태의 하나로 작은 습관을 지속하면서 개인적으로 경험했던 가장 큰 공은 '성취감'이었다.

나 역시도 처음에는 귀찮고 어느 날은 제대로 되지 않는 날도 있어서 '그만둘까, 실패인가' 하는 경험이 있었다. 하지만 생각대로 잘되지 않을 때는 내가 설정한 목표가 너무 어려운 것은 아니었는지, 혹시 습관을 방해하는 요소가 있는지 다시 점검해 보고 습관이 지속되기 위해 노력했다.

예를 들어, 오늘 운동 20분 제자리뛰기를 계획했는데 실패했다고 생각해 보자. 다시 한번 나의 목표를 생각해 본다.

나에게 20분 운동이 적합했는지? 혹시 내가 나의 컨디션 상황을 고려하지 않고 너무 많은 시간을 부여한 것은 아니었는지, 어제는 10분을 했는데 오늘은 더 할 수 있을 것 같아서 무리해서 시간을 계획한 것은 아니었는지 생각해 본다. 계획한 운동 종목이 적합한 운동이었는지도 고려해 본다. 만약 제자리뛰기 운동을 20분 계획했다면 20분 동안 제자리를 뛰는 운동만 하는 것은 생각보다 쉽지 않다. 3분 정도 제자리뛰기를 실천한 뒤, 나머지는 다른 운동을 하는 방법으로 전환해 볼 수도 있다. 운동을 하는 공간이나 상황이 내가 할 수 있는 상황이었는지도 고려해 본다. 운동하는 공간이 운동이 방해받기 쉬운 공간은 아니었는지 고려하고 방해받지 않는 다른 공간으로의 이동을 생각한다. 이런 식으로 잘되지 않는 부분들에 대한 방법을 여러 가지로 생각해 보고 기준을 조정해 보면 다음에는 운동하는 습관을 지키는 것이 좀 더 쉬워졌다.

나의 경우, 운동을 시작할 때는 여러 마음이 들었지만, 항상 끝나고 나서는 '아. 오늘도 운동을 했다. 나 참 잘했다.'라는 마음이 들었다. 반복되고 지루하던 일과에서 운동을 하고 나면 무엇인가 오늘을 잘 해냈다는 생각이 들었다. 운동 습관을 통한 생활 속의 작은 성취감은 처음에는 그저 나의 기분을 좋게 해 주는 것에서 나를 좀 더 긍정적으로 바라볼 수 있도록 해 주었고, 나는 '어떤 것을 해내는 사람'이라는 스스로에 대한 자의식 또한 변화하였다. 이러한 변화는 단순히 순차적으로 나타난 것이 아니라 어느 순간이 되자 스스로 깨닫지 못할 정도로 변화가 일어나서 나의 삶의 여러 부분을 변화하게 만들었다.

식물이 꽃이 피기 전까지는 언제 피는 것을 알 수 없는 봉우리의 상태로 한참을 머무르다가 꽃이 핀다. 생활에 있어서 작은 성취감은 이와 같다. 처음에는 아주 작은 변화로 잘 알지 못하게 있다가 어느 순간 자신도 모르게 변화된다.

습관이 완벽할 필요는 없다. 꾸준함을 목표로 작은 성취감을 스스로 맛볼 수 있도록 하자. 작고 간단한 습관이 일상에 정착하면 자연스럽게 큰 변화로 이어질 것이다.

4.

무기력한 일상을 바꿔 놓은
운동의 힘

지금 테이블에 얼음덩어리가 하나 있다고 해 보자. 숨을 내쉬면 하얀 김이 보일 정도로 방은 춥다. 현재 영하 4도 정도지만 방은 서서히 따뜻해지고 있다. 얼음은 처음에는 아무런 변화가 없다. 하지만 영하 3도, 2도, 1도로 점차 바뀌면서 어느 순간, 얼음이 녹기 시작한다.

습관도 이와 같다. 처음에는 아무 차이가 없는 것 같이 보인다. 하지만 어느 순간이 지나면 분명 변화가 찾아온다. 작은 습관은 처음에는 너무 미미해서 그것이 쌓이고 있다는 순간을 인지하지 못한다. 그렇지만 그것은 절대 헛되지 않다. 쌓이고 있다. 변화는 비로소 0도가 되어야 일어난다.

나의 경우에도 매일 3분 운동의 시작이 나의 삶에 변화의 시작이었다. 코로나19 팬데믹으로 인해 원치 않아도 주어진 환경을 바꾸기가 힘들고 매일 똑같은 반복적인 일상이 이어졌다. 지금 생각하면 그 시기에 나는 신체적으로도 정신적으로도 많이 지친 상태였다. 그 시간을 견디게 해 준 것은 매일의 운동 습관이었다. 운동 습관은 나에게 작은 성취감과 활력을 가져왔다. 무기력한 일상을 조금씩 바꾸는 힘이 되었다. 물론 처음부터 운동이 나의 삶을 막 바꾸고, 변화를 가져온 것은 아니었다. 하지만 마치 얼음이 녹는 것처럼 서서히 어느 임계점의 순간 나의 삶에 변화를 가져왔다.

일단, 작은 습관을 시작하였다면 습관에 좀 더 탄력적인 계획이 이루어지도록 노력한다. 습관은 말 그대로 어떠한 행동을 오랫동안 되풀이하는 과정이다. 이것이 꾸준히 잘 이루어지도록 노력하는 과정에서 우리는 생각지 못한 많은 변수를 만나게 된다. 이 변수는 놀라울 정도로 많아 나의 습관을 형성하는 과정에서 뜻하지 않은 어려움을 가져오고, 실행을 막는다. 이럴 때는 여러 개의 선택지를 가지고 습관을 형성해 나간다면 좀 더 효과적인 실행을 할 수 있다.

예를 들어, 체력을 단련하는 습관으로 걷기를 조금씩 하는 습관을 계획했다고 하자. 이것을 세 가지의 단계로 생각해 본다. 1단계, 작은 습관에서는 1블록 걷기를 실행하면 성공. 2단계, 중간 습관에서는 6블록 걷기를 실행하면 성공. 3단계에서는 10블록 걷기를 실행하면 성공으로 계획하는 것이다. 매일 습관을 실천하는 데 있어 그날의 상황에 맞추어 습관을 탄력적으로 운영할 수 있다. 어느 날은 컨디션이 좋아 2단계 중간 습관까지 달성할 수도 있고, 3단계 큰 습관까지도 쉽게 달성할 수도 있지만 바쁜 일로 1단계인 작은 습관만을 해야 할 때도 있다. 습관을 단계별로 나누어 실천하면 실천 가능성이 더 커지고, 성공 확률이 더 높아진다. 핵심은 꾸준히 오래 하는 것이고 우리는 매일 습관을 만들어 나가는 것이다. 이런 식으로 습관을 나누어 실행하는 것을 계획한다면 그날의 상황에 따라 좀 더 탄력적으로 습관을 실천할 수 있을 것이다.

모든 행동은 시간에 비례하여 우상향하는 그래프처럼 증가하지 않는다. 어제 1단계를 실시했으니, 내일은 2단계, 모레는 3단계를 순차적으로 실천하면 좋겠지만 다양한 변수로 인하여 어제 3단계를 실시했더라도 오늘은 1단계를 해야 할 수도 있다. 때로는 1단계만을 오랫동안 지속해야 할 수도 있다. 작은 습관만 실행하는 날들이 이루어지더라도 우리는 습관을 들이고 있는 것인 것을 기억하자.

습관은 반복된 행동을 통해 점차 자동화되면서 만들어진다고 한다. 어떤 행동을 반복할수록 뇌는 그 행동을 하는 데 더 효율적인 구조로 변화된다. 런던의 택시 운전사들의 뇌를 분석한 연구에서 과학자들은 다른 사람들에 비해 이들의 해마가 상당히 크다는 것을 발견했다. 이 부위는 공간지각 능력과 관계가 있다. 뇌의 특정 부위도 사용 여부에 따라 조정되며 사용하지 않으면 위축된다. 어떤 행동을 반복하는 순간마다 우리는 그 습관과 연관된 특정한 신경학적 회로를 활성화하게 되는 것이다. 그렇다면 운동을 하는 습관을 들이고 싶다면, 운동 습관에 관련된 아주 작은 습관이라도 매일 꾸준하게 하는 것이 필요하다.

    습관을 형성하는 데 있어 환경적인 부분도 실천이 좀 더 쉽게 이루어질 수 있도록 도와준다. 미국의 내과 의사인 앤 손다이크는 스스로 의지를 갖거나 동기를 변화시키지 않고도 병원 직원과 방문객들의 식습관을 더 낫게 만들 수 있는 방법에 대한 연구를 했다. 연구 전에는 생수가 잘 보이지 않는 곳에 있는 환경이었는데 연구를 시작하고 병원 공간에 생수를 더 많이 가져다 놓자, 사람들의 생수 판매율이 늘었다고 한다. 보이는 곳에 있는 것들은 우리의 행동에 영향을 준다.

    결국, 습관은 우리가 있는 공간과 우리 앞에 놓인 신호들에 따라 변화한다. 비타민을 매일 먹어야 하는데, 찬장에 있다면 섭취가 어려울 것이다. 기타를 연습해야 하는데 기타가 잘 보이지 않는 곳에 있다면 연습하기 쉽지 않을 것이다. 나의 경우, 처음에는 운동을 하는데 운동복도 찾아오고, 신발도 신발장에서 찾아와서 하니 운동을 시작하려고 마음을 먹어도 시작하기까지 시간이 오래 걸리고 귀찮았다. 시행착오 끝에 옷걸이 아래쪽 잘 보이는 곳에 운동복을 걸어두고 운동을 시작하면 바로 입을 수 있도록 준비해 놓았다. 그리고 바로 옷걸이 옆에 운동화도 꺼내 놓았다. 그렇게 하니 언제고 운동을 시작하겠다는 마음을 먹으면 이 모든 것을 준비하는데 5분이 채 걸리지 않게 되었다. 내가 원하는 습관에 관련된 신호를 자주 인지하고, 또 그것을 실천할 수 있는 환경을 만든다면 분명 도움이 될 것이다.

칠흑과도 같이 어두운 동굴을 탐험할 때, 자기 자리에서 볼 수 있는 것은 내가 가지고 있는 랜턴이 비추는 곳뿐이다. 아무리 랜턴을 밝게 비추어도 불빛이 비치는 곳은 제한적일 수밖에 없다. 자리에 가만히 앉아서는 동굴 끝에 무엇이 있을지, 어떤 상황이 펼쳐질지 우리는 알 수 없다. 어떤 좋은 습관도 앉아서 머릿속으로 생각만 하고 고민만 한다면 아무런 것도 알지 못하고 어떤 상황이 펼쳐질지 알 수 없다. 거창한 것이 아니라도 좋다. 작은 습관부터 시작하자. 중간에 실패한다고 해도 우리에겐 그 상황을 조절할 힘이 있다. 그것은 삶에 분명 변화를 몰고 올 것이다.

5.

운동은 또 다른
목표를 낳는다

작은 성취는 내 삶에서 여러 가지로 영향을 미치기 시작했다. 생각해 보면 운동 습관을 시작했을 당시에는 너무나도 미미한 변화라 이것이 변화인지도 모르는 부분들에서부터 변화가 시작되었던 것 같다. 운동하면서 계획한 대로 조금씩 해내는 나의 모습을 스스로 느끼게 되니, 좀 더 생산적이고 나에게 좋은 것에 대해 생각해 보게 되었다. 이전에는 나에 대해 진지하게 생각하기보다는 그저 눈앞에 주어진 것을 '해 나가야 한다'라는 생각으로 하루를 보냈다. '나 자신'보다는 가족이 중요하고 아이들의 생활을 신경 쓰느라 정작 '나'라는 사람에 대해서는 생각하지 못하고 지냈던 것을 깨달았다.

카렌 호나이의 『내가 나를 치유한다』에서 자기 인식은 그 자체로 목표가 아니라 자발적으로 성장할 힘을 끌어내는 구체적인 수단이라고 이야기했다. 그 말은 자기를 인식하고 안다는 것은 자신 안의 힘을 끌어낼 수 있는 기초라는 것이다. 그래서 많은 심리치료와 상담에서는 가장 먼저 자신을 인식하는 부분부터 상담의 목표로 잡고 시작하는 경우가 많다. 운동 습관을 시작하면서 나는 점차 '나'에 대한 자기 인식을 하게 되었다.

나의 경우, 운동을 싫어한다는 것만 알았지 내가 어떤 부분의 운동을 잘하는지, 나의 몸이 운동을 통해 어떻게 변화하는지 스스로 관심을 가지고 관찰을 해 보진 않았다.

나는 산책과 유산소 운동을 좋아하고 근력운동을 시작하면서부터 더 긍정적인 신체적 변화를 느꼈다. 그래서 여러 시행착오 끝에 일주일에 최소 3회 이상은 근력운동을 동반한 운동을 하려고 노력한다.

안정적인 동작을 위해 실내에서도 운동화를 착용하고 운동한다. 운동을 할 때에는 비트가 있는 음악을 들으면서 하는 것이 나에게 효과적이어서 꼭 음악을 들으면서 운동을 한다. 성능 좋은 골전도 블루투스 이어폰 사용도 필수다. 이러한 일련의 어떻게 보면 사소한 것들은 내가 운동을 수행하면서 나에게 관심을 가지고 알아낸 나의 기호이다. 나는 이전보다 나에 대해 좀 더 자세히 관심을 가지고 관찰하게 되었다. 또한 나는 나를 좀 더 사랑하게 되었다.

내가 나를 사랑한다는 것은 그저 단순히 나르시시즘에 취해 사랑한다는 것이 아니라 지금의 부족한 나의 모습 그 자체를 받아들이고 사랑한다는 것이다. 이것은 전문가들이 이야기하는 자존감이라는 부분과 연결된다. 자존감은 자신을 어떻게 평가하는 것인가에 대한 총체적인 생각이라고 볼 수 있다. 자존감이 중요한 이유는 자존감은 우리가 하는 말, 행동, 판단, 선택, 감정 등 모든 것에 영향을 미치기 때문이다. 흔히 자존감을 '정신 건강의 척도'라고 불리는 것도 그러한 의미에서이다.

자존감이 삶에 미치는 영향에 대해 알 수 있었던 〈아이 필 프리티〉라는 영화가 떠오른다. 영화에서 주인공은 뚱뚱한 몸에 자존감도 바닥인 인물이다. 그런데 머리에 충격이 생기는 갑작스러운 사고로 자신의 외모는 그대로인데 아름답고 매력적으로 보인다고 착각하게 된다. 그녀는 사고 이후 과거 자존감 없이 살았던 삶과 180도 다른 삶을 살게 된다. 미인대회에 나가기도 하고, 연애를 하기도 하며, 꿈꾸었던 회사에도 들어간다. 얼마 후, 주인공은 자신이 사고로 인해 이러한 착각을 하며 살아간다는 것을 알게 된다. 그러나 그녀는 곧 깨닫는다. 변한 것은 외모가 아니라 그녀 자신의 마음이었다는 것을 말이다. 영화를 보면서 주인공이 점차 멋진 삶을 살아가는 것을 보면서 나 역시도 나의 자존감에 대해 다시 생각해 볼 수 있었다.

나의 자존감을 스스로 인식하고, 나를 사랑하게 되니, 나에게 좀 더 큰 목표도 생각해 보게 되었다. 내가 좋아하던 것, 내가 행복을 느끼는 것은 무엇인지, 또 행복하기 위해서 나는 지금 어떻게 살아가면 좋을지, 지금 나의 삶에서 더 행복하기 위해서 무엇을 하면 좋을지 생각해 보는 나를 깨닫게 되었다. 그저 바쁘게 살아가고 생활하던 삶이 아닌 나라는 사람 자체의 삶의 근원적인 부분까지 생각해 보게 되었다. 내가 어떤 것을 목표해서 꿈꾸었고, 나는 이러한 꿈을 이루기 위해 어떤 것을 하고 있는지, 또 부족한 부분은 어떻게 채워 가야 할지 내 꿈에 관한 생각도 다시 해 보게 되었다.

결국, 처음에는 아주 작은 운동 습관의 행동이었지만 그것을 통해 점차 나를 인식하며 내가 충분히 성장할 수 있다는 가능성을 느꼈다. 습관은 또 다른 목표를 낳았고, 그 목표들은 나의 삶을 변화시키려는 행동을 생활에서 조금씩 시도해 보게 하였다. 물론 그 과정에서 다 성공하진 못했다. 아직 나는 채워 가야 할 것이 너무나 많고 그것을 채우기 위해 오늘도 목표를 세워보고 또 실패를 해 가며 배워가는 중이다. 그러나 이제는 안다. 나에게는 나를 성장시킬 힘이 있으며, 지금은 많은 실패와 시행착오를 하더라도 어느 순간 나는 해낼 수 있을 것이라는 걸 말이다.

우리가 습관을 시작할 때는 그것이 무엇인가를 변화하기를 기대하며 시작한다. 삶에 있어서의 불편일 수도 있고, 때로는 아주 단순한 이유일 수도 있다. 나 역시 그랬다. 그렇지만 이러한 작은 변화는 점차 성취감을 느끼고, 자존감을 높이며 또 다른 목표를 갖게 하는 도구가 된다고 생각한다. 당신의 삶에서도 변화를 꿈꾸는 습관을 마음에 두고 있는가? 그것은 자존감을 높이고 나를 사랑하는 방법의 시작이 될 것이다.

6.

당신 삶의 부스터는
무엇입니까?

　1938년, 하버드대학교 성인발달연구소에서는 814명의 사람을 대상으로 무려 75년 동안 그들의 인생 여정을 따라 조사를 진행했다. 조사 주제는 '우리 인생의 행복의 조건은 무엇일까?' '어떻게 살아야 행복한 삶이 될 수 있을까?'이다. 많은 사람의 일생을 오랫동안 연구한 조사이기 때문에 완벽하다고 볼 수는 없지만 그럼에도 충분히 의미 있는 결과가 도출되었다. 행복하기 위한 7가지 정도의 조건이 제시된 것이다. 그 조건 중 하나로 규칙적인 운동의 중요성도 포함되어 있었는데, 매우 흥미롭다. 연구 결과에 따르면 운동은 신체적인 건강에 영향을 미친다. 그뿐만 아니라 우울감이나 불안감을 낮추고 고독감을 해소한다. 이렇게 운동은 정신 사회적인 건강에까지 영향을 미치기 때문에 행복을 위한 중요한 요건 중의 하나로 꼽고 있었다.

'행복'이라는 복잡하고 추상적이며 지극히 개인적일 수도 있는 개념 앞에서 어떤 조건이 있어야 행복해진다는 조사는 누구에게 있어서는 의미 없는 것일지도 모르겠다. 그러나 행복의 조건에 대해서는 각자 생각해 보는 시간을 가졌으면 한다. 행복의 조건에 대해 생각해 보는 것은 어떤 습관을 장착하고 싶다는 나의 목표 위에는 내 삶을 행복하게 살고 싶은 가장 큰 목적이 있기 때문이다.

영화 〈꾸뻬씨의 행복여행〉을 본 적이 있다. 영화에서 주인공 정신과 의사 헥터는 꽤 만족스러운 삶을 살아가는 사람이다. 그러나 많은 사람을 진료하며 어느 날 '행복이란 무엇일까?'라는 의문을 가진다. 행복이라는 정의를 잘 알지 못하는 자신이 환자들을 잘 돌볼 수 있을지 고민이 된다. 그래서 중국, 아프리카, LA를 여행하며 진정한 행복을 찾는다. 주인공은 여러 곳을 여행하며 자신만의 행복의 리스트를 만든다. 그리고 그는 진정한 행복은 가장 가까이에 있다고 깨닫게 된다. 영화를 보는 내내 영화의 주인공처럼 행복을 찾기 위한 여행을 떠날 수는 없었지만, 주인공이 행복을 찾는 모습을 보며 나만의 행복의 조건에 대해 생각해 볼 수 있었다.

나에게 있어 행복하기 위한 조건으로 여러 가지가 있겠지만 운동 습관이 행복의 조건으로 영향을 미친 것은 확실하다. 예전보다 계단을 오를 때에 숨이 덜 차고, 더 쉽게 걷게 되었다. 아이들과 함께 외출할 때면, 불가피하게 많은 짐도 가지고 다니고 쉽게 지쳐 짜증을 내게 될 때가 많았다. 운동하고 나서부터는 아이들과 함께 좀 더 즐길 수 있고, 아이들과의 소중한 시간을 잘 보낼 수 있게 되었다. 또한 운동 습관의 성취로 다른 부분에서도 성취를 이루고 싶어졌다. 운동을 하기 직전 집안일을 할 경우가 대부분이었다. 예전에는 집안일을 하는 것만으로도 지치고 짜증이 났었다. 운동 습관을 시작한 이후에는 그 시간을 좀 더 잘 보내고 싶어졌다. 그래서 그 시간을 이용하여 주로 짧은 강연이나 강의를 들어보기로 하는 계획을 세웠다. 그러다 보니 그 시간을 좀 더 의미 있게 보내게 되었다. 이런 식으로 나는 일상생활의 아주 작은 부분에서 마치 게임의 레벨 업 미션을 수행해 내는 것처럼 작은 계획을 세워 보고 성공적인 수행을 이루어 내기 시작했다. 그러다 보니 무기력하다고 느껴지던 삶이 좀 더 활력적인 생활이 되었다. 작은 성취를 획득하며 하루를 보내니 좀 더 큰 부분들에도 도전하고 싶은 욕구가 생겼다. 쉬고 있었던 취업에 도전했으며, 더 전문적인 배움을 배우고 싶어 학교에도 다시 진학하게 되었다.

무엇보다 나에게 있어 운동 습관의 가장 큰 영향은 나를 사랑하는 것에 대해 다시 생각해 보고, 스스로를 좀 더 사랑할 수 있게 되었다는 것이 가장 크다. 나를 사랑한다는 것은 내가 잘나서 나를 좋아하는 것이 아니다. 스스로 느끼기에 내가 약점도 있고 뭔가 못난 부분도 있지만 그럼에도 불구하고 나는 노력하고 고쳐 나갈 것을 안다. 이전보다 나는 나를 더 응원하고 소중하게 여기게 되었다.

행복에 있어서는 많은 명제가 있지만 내가 생각하는 행복은 작고 소소한 것들에서 느끼는 행복이다. 자기만족과 작은 성취를 이루면서 사는 삶이며 목적이 있는 삶을 사는 것이다. 이런 것들이 하루하루 모여 성숙하고 지혜롭게 나이 들고 싶다. 내가 생각하는 이런 행복을 위해서 나는 긍정적인 사고방식으로 삶을 받아들이기 위해 노력할 것이다. 먼저 나를 사랑할 줄 알며, 타인 역시도 사랑할 것이다. 또한 변화하며 성장하는 성장형 사고방식으로 살아가며 배우는 것을 사랑하고 삶 속에서 도전하는 것을 즐기려고 한다.

습관은 이 모든 행복의 조건의 하위영역에 있다. 어떠한 성취를 이루기 위해서라도 처음은 아주 작은 행동으로부터 시작한다. 나비의 작은 움직임에서 세계의 반대편에서는 폭풍우가 일어난다는 나비효과의 영향력처럼 나의 작은 행동이 차곡차곡 쌓이게 된다면 그것은 분명 나에게 영향을 미치게 된다. 습관은 이러한 행복의 시작이자 부스터가 되어 줄 것이다.

인생
최고의 무기,
독서하라

HABIT 6

내 분야에서 전문가가 되어

나의 몸값을 올리는 것이 우선이 되어야 한다.

독서는 내 몸값을 올려 전문가로 발돋움할 수 있는

인생 최고의 무기다.

1.

누구나
혼돈의 시기가 온다

아침부터 워킹맘의 하루는 분주하다. 일어나자마자 계란프라이 다섯 개를 부치고 아이들이 먹기 좋은 온도로 식혀 놓는다. 비몽사몽인 둘째와 셋째의 옷을 억지로 입혀 놓고 서둘러 나도 출근 준비를 한다. 초등학생인 첫째 아이는 대견스럽게도 스스로 준비를 한다. 요즘 따라 자기주장이 강해진 둘째가 옷이 마음에 들지 않는다고 칭얼거린다. 이른 아침부터 분주했던 내 마음속은 공격개시선 통과 직전이다. 마음을 가다듬고 2보 전진을 위해 1보 후퇴한다. 방어작전으로 전환한 뒤 둘째가 희망하는 옷을 다시 찾아서 입힌다. 씻기고, 입히고, 먹이고, 등교 준비를 마친 뒤 현관에서 전투화 끈을 매고 있는 순간 셋째가 말한다. "응가가 마려워" 내 마음속은 지금 일촉즉발의 상황이다. 참아야 한다. 한숨을 가다듬고 전투화 끈을 다시 풀어 헤친다. 우여곡절을 겪으며 준비를 마치고 첫째를 등교시킨 후 나는 둘째와 셋째를 차에 태워 어린이집으로 향한다. 폭풍전야와 같았던 엄마의 마음을 아는지 모르는지 아주 해맑은 표정을 지으며 셋째는 어린이집 가는 내내 노래를 흥얼거린다. 아주 짧은 시간이지만 나의 마음은 잠시나마 평화로워진다.

　이제 퇴근 시간이 임박해진다. 서둘러 업무를 마치고 둘째와 셋째를 하원시키러 어린이집으로 향한다. "엄마 보고 싶었어" 셋째가 나를 꼭 껴안는다. 어린이집에서 엄마를 잘 기다려 준 아이에게 감사함을 느끼고 이른 아침부터 늦은 오후까지 어린이집으로 보낼 수밖에 없는 현실에 미안함을 느끼는 등 만감이 교차한다. 하지만 그 감정도 아주 잠시뿐이다. 원숭이띠인 둘째와 개띠인 셋째는 견원지간이다. 서로 약 올리고 장난치며 다툼의 연속이다. 결국 나는 공격개시선을 통과해 일발 장전 후 격발했다. "그만해" 나는 버럭 소리를 지른다. 둘째와 셋째를 화해시킨 후 나는 집으로 출근한다. 세 아이들의 저녁 식사를 챙기고 목욕을 시킨 후 밀려 있었던 빨래와 설거지 등의 집안일을 한다. 집안일을 다 마무리하면 이제 잘 시간이다. 오늘 하루도 잘 버텼고 고생했다고 스스로를 위로하고 칭찬한다. 잠들어 있는 세 아이들이 오늘 하루 중에서 가장 예쁘고 사랑스러워 보인다. 이 순간 세 아이들 낳기를 정말 잘했다고 생각한다. 그 찰나에 다시 한번 현실을 자각한다. 독신으로 살아야 했을까? 아니면 딩크족이 정답이었을까? 아이가

한 명이면 지금보다 괜찮았을까? 무거운 책임감이 나를 짓누른다. 나 혼자서 기분이 천국과 지옥을 오간다. 상상은 상상이고 현실은 현실이다.

스무 살의 나는 제복을 입고 근무하는 사람들의 모습을 동경했다. 군인이라는 직업을 자발적으로 지원했고 선발되어 입대하기 며칠 전 부모님에게 통보했다. 낯선 환경, 새로운 사람들과의 관계는 나의 호기심을 자극하기에 충분했고 무뚝뚝하면서도 내가 해야 할 일이 있다면 끝까지 책임감을 가지고 주어진 임무를 완수해 내는 나의 성격과도 알맞았다. 중간에 몇 번의 고비가 있었지만 나름의 존버 정신으로 잘 버텼고 그 사이에 스쳐 지나간 좋은 인연들은 나에게 긍정적인 동기부여가 되었다.

처음 군에 입대 후 첫 부대에 전입했을 때 기억이 생생하다. 당시 투박하게 생긴 군용차를 타고 구불구불 끝이 없는 길을 밝은 날이 어둑해질 때까지 갔었던 기억이 희미하다. 대한민국 땅이 이렇게 넓었었나? 할 정도로 놀라울 따름이었다. 얼마 뒤 우연한 기회로 며칠 동안 철책 길을 따라 걷게 되었는데 그제야 남북 분단의 현실을 실감하고 군인으로서의 정신무장, 국가관, 안보관, 대적관을 다잡는 계기가 되었다.

돌이켜 보니 학창 시절의 나는 비혼주의자였다. 내 인생에서 결혼은 단한 번도 그려본 적이 없다. 당연히 아이를 낳고 키운다는 것에 대해서는 상상조차 한 적도 없었다. 성격도 살갑지 않고 아이도 별로 좋아하지 않았다.

학창 시절 내 머릿속에는 마치 죽기 전 버킷리스트처럼 하고 싶은 것들이 다이어리에 수십여 가지가 순서대로 나열되어 있을 만큼 다양했다. 그리고 그 버킷리스트에 결혼 · 출산 · 육아는 철저히 배제되어 있었다.

그러던 20대의 어느 날, 사랑하는 한 남자를 만났고 4년의 연애 끝에 앞뒤 잴 것 없이 다른 길에 들어서게 된다. 마치 고속도로에서 규정 속도를 무시한 버스처럼 세차게 직진만 했고 그렇게 10여 년을 달려 고속도로 휴게소에서 멈춰 나 자신을 마주한다. 나는 목적지도 모른 채 버스 안에서 졸고 있는 승객이었다. 깨어나 보니 세 아이의 엄마가 되어 있었다.

그동안 나는 세 번의 임신과 출산, 세 번의 휴직과 복직, 이로 인한 여러 번의 근무지 이동으로 나를 챙겨 볼 여유도 없이 앞만 보며 살아왔다. 최근 몇 년 동안 아이를 임신하고 출산함으로서 생기는 몸의 변화, 감정의 변화, 생활의 변화 등 여러 가지 나에게 일어난 변화들을 적응하고 또 극복하기에는 솔직히 쉽지 않았다.

시간이 지날수록 일과 가정 사이에서 아슬아슬한 줄다리기는 계속되었고 그 사이에 긴장, 우울, 불안의 감정들은 내 가슴 속에 깊숙이 파고들었다. 불안한 마음에 매일 아침 오늘의 운세를 검색했고 그 결과에 맞춰 나의 하루를 가두었다. 나는 부정적인 감정들을 임시방편으로 잊기 위해 쾌락이라는 감정들로 채우려 시도했다. 바깥 활동보다는 집안에서 시간을 보내는 경우가 많았고 드라마와 예능 등의 프로그램들을 첫 회부터 마지막 회까지 정주행하거나 킬링타임용 콘텐츠를 즐겨봤다. 그리고 주말에는 밤낮 구분

없이 피곤해지면 본능적으로 잠을 청했다. 아이들에게는 소홀해졌고 시간이 흐를수록 내 몸과 마음은 더 게을러졌다.

얼마 뒤 진급 선발 결과 발표일이었다. 떨리는 마음으로 내 이름을 찾아봤지만 명단에는 없었다. 진급 선발에 비선된 것이다. 나와 비슷한 시기에 임관한 동기들과 후배들의 이름이 내 눈앞에서 스쳐 지나갔다. 나는 선발 결과를 보고 겉으로는 아무렇지 않은 척 쓴 웃음을 지었다. 겉과 속이 다른 모습을 하고 있는 나 자신이 비참하게 느껴졌다. 대한민국의 모든 직장인에게도 비슷한 개념으로 적용되겠지만 군인에게도 진급 선발이란 여러 해 농사의 수확물과 같은 것이다. 나름대로 정성을 다했다고 생각했지만 흉년이었다. 가뜩이나 올해는 기대가 컸으니 실망도 컸다. 내가 한없이 작아지는 순간이었다. 그날은 주변에서 나에게 보내는 어떠한 위로와 격려의 목소리도 들리지 않았다. 허탈한 마음으로 퇴근 후 현관에 들어섰다. 내 눈앞에 펼쳐져 있는 집안 꼴은 여전히 전쟁터였다. 그 사이에서 다투고 있는 아이들을 마주하자 덜컥 눈물이 쏟아졌다. 뜬금없이 울고 있는 엄마를 지켜보는 아이들의 표정은 어리둥절이었다. 한동안 나와 세 아이들 사이에서 적막이 흘렀다. 그리고 얼마 뒤 내가 진정이 된 것을 알아챈 첫째 아이가 꼬깃꼬깃한 종이쪽지 하나를 내밀었다.

엄마 태어나게 해 주셔서 감사합니다.

제가 말을 안 들어서 죄송해요.

다음부터는 집안일을 많이 할게요.

   그 순간 정신이 번쩍 들었다. 참아 왔던 눈물이 멈추지 않았다. 나는 과연 국가를 지키는 군인과 가정을 지키는 엄마의 역할을 잘 해내고 있는 것일까? 마치 벌거벗겨진 느낌이었다. 지금까지 속 빈 강정, 알맹이가 없는 빈 껍데기처럼 살아온 것만 같은 느낌이 들었다. 그날 밤 나는 일사불란(一絲不亂)의 상징인 '군인'과 오합지졸(烏合之卒)의 육아를 하고 있는 '엄마'로서의 모습에서 괴리를 느끼며 오아시스 없는 사막을 걷고 있었다.

2.

긴장, 우울, 불안
3종 세트 타파법

이십여 년 동안 부모님의 보살핌 아래 학창 시절을 보낸 뒤 직업을 갖게 되고 연애를 했다. 누군가 강요하지 않았으나 자연스럽게 결혼을 하고 나니 아이를 낳아야 했다. 첫째를 낳고 나니 둘째가 기다리고, 둘째를 낳고 나니 셋째가 기다리고 있었다. 복작복작하며 세 아이를 정신없이 키우다 보니 야속하게도 세월은 흘러만 가고 있었다. 남들이 보기 좋은 시간표대로 살다 보니 정작 내가 원하는 것은 무엇인지 단 한 번도 생각해 보지 않았다. 원하는 것이 무엇인지도 모른 채 남들과의 경쟁에서 뒤처지지 않기 위해 앞만 보며 달려왔다. 어느 순간 나는 어디로 가야 할지 방향을 잃어버렸다. 달리면 달릴수록 마음은 공허해졌다.

나는 군인으로서의 복무규율은 이해하고 있었으나 나에 대한 삶의 규율은 전무했다. 내가 가고 있는 길이 맞을까 다시 물어 이를 밝히는 시도도 하지 않았다. 주체적인 삶보다는 의존적인 삶에 집중했다. 나에 대한 이해가 부족했으니 엄마로서 해야 할 역할도 우왕좌왕이었다. 군인이라는 직업적인 특성상 어떠한 상황에도 즉각 출동 태세를 확립하고 통신 대기 태세를 갖춰야 한다. 휴가가 아닌 날에 시공간은 항상 제약되어 있었다. 직장에서 담당하고 있는 업무의 특성상 사람과 관련된 일이 많다 보니 퇴근 후에도 시도 때도 없이 전화벨이 울렸다. 15년 동안 그 생활이 반복되다 보니 긴장이라는 감정은 무의식적으로 몸에 배어 있었다. 그 와중에 10년 동안 임신과 출산, 육아로 360도 바뀌어 버린 내 생활 패턴은 나를 우울하고 불안하게 만들었다.

그러던 어느 날 연배가 있으신 군 선배로부터의 전화 한 통은 나를 크게 변화시키는 인생의 전환점이 되었다. "군 복무를 하면서 가장 하고 싶은 것이 무엇이고 목표는 무엇이냐?"라고 물었을 때 선뜻 자신 있게 대답하지 못했었다. 쉬운 질문인 것 같았지만 나에게는 가장 어려운 질문이었다. 꼭 머리를 망치로 한 대 얻어맞은 느낌이었고 한동안 잠을 이루지 못했었다. 당시에 전 세계와 대한민국을 강타한 코로나19 바이러스, 그리고 임신 · 출산 · 육아로 인한 군경력 단절 등 반복되는 일상과 쌓여 있는 일들에 지쳐 있었다. 생각을 전환하니 내 인생의 걸림돌이라고 생각했던 것들이 핑곗거리에 불과했다. 디딤돌이라고 생각하니 내 처지가 전혀 다르게 보이기 시작했다. 그리고 때마침 나는 책들을 마주한다. 그쯤 내가 봤던 책은 모두

'생각'의 중요성을 알려주는 책이었다.

하우석의 『내 인생 5년 후』 책 일부이다. 인류의 현자 마하트마 간디 또한 이렇게 말했다. "인간은 오직 사고의 산물일 뿐이다. 인생은 생각하는 대로 되는 법이다. 당신의 믿음은 당신의 생각이 된다. 당신의 생각은 당신의 말이 되고 당신의 말은 당신의 행동이 된다. 당신의 행동은 당신의 습관이 되고 당신의 습관은 당신의 가치가 된다. 그리고 당신의 가치는 결국 당신의 운명이 된다." 다음은 김상현의 『당신은 결국 무엇이든 해내는 사람』 책 일부이다. 우리가 생각하는 것들이 곧 우리가 행동하는 것들이 되고 생각과 행동이 합쳐서 우리가 처한 상황을 만들어 냅니다. 내가 겪고 있는 이 상황은 내 믿음이 만들어 낸 결과인 셈입니다. 결국 우리가 할 수 있는 건 긍정적인 생각을 하는 것이지요.

나는 긍정적인 생각을 하기로 했다. 단 몇 권의 독서를 통해 긍정적인 에너지를 얻었고 이를 당장 내 삶에 실행하기로 마음먹었다. 매일 군인과 엄마의 역할을 수행하느라 시공간에 제약되어 있는 생활을 하고 있는 나에게 책이란 시공간을 초월하여 볼 수 있는 안성맞춤인 도구였다. 처음에는 아이들을 재워 놓고 책을 보려 시도했다. 하지만 매번 아이들을 재우다 내가 먼저 잠들기 일쑤였다. 아이들이 먼저 잠들고 책을 보는 시도도 해 봤지만 문제는 그다음 날이었다. 내 몸이 피곤하니 일에 집중이 되지 않았다. 몇 번의 우여곡절을 거쳐 아침에 30분 더 일찍 일어나는 루틴 만들기에 돌입했다. 내가 살고 있는 지역은 시골 마을로 교육 소외지역이라 지자체에서 지원하는 평생학습 시스템이 잘되어 있었다. 때마침 나는 석 달에 단 몇천 원으로 성인 전화영어 회화를 신청해 일정 시간에 전화벨이 울리는 루틴을 만들었다. 새벽 시간에 전화벨이 울리면 반사적으로 깨어나 귀를 쫑긋 세우고 두뇌를 풀가동한다. 강사가 예상치 못한 질문을 하면 몇 개 알지도 못하는 단어로 열심히 조합해 보려고 애를 써 본다. 그 순간 잠에서 확 깨는 느낌이다. 어두컴컴한 방구석에서 나는 허공에 대고 "pardon me.", "one more time"을 수차례 외치는 아주 웃픈 상황들도 연출되었다. 그리고 전화영어가 끝난 뒤 책에 대한 나의 몰입과 집중력은 풀가동이었다. 알람에 영어 그리고 독서까지 그야말로 일석이조가 된 셈이다.

평상시보다 일찍 일어난 30분은 일과 가정으로부터 해방된 온전한 나의 시간이었다. 집안은 평화로웠다. 나는 독서를 통해 나 자신을 더 이해할 수 있었다. 가만히 생각해 보니 나는 어렸을 때부터 무슨 일이든 끈기 있게 도전했던 경우가 없었다. 매번 시작은 창대했으나 끝은 미약했다. 인생에서 악기 하나를 다루면 좋다는 주변 사람들의 말에 피아노, 우쿨렐레, 기타 등을 배우러 다녔지만 매번 중도 포기였다. 또 잘하는 운동이 있으면 좋다는 주변 사람들의 말에 테니스, 수영, 골프 등을 배우려 시도 했지만 배운 지 3개월 차가 되었을 때 둘째와 셋째의 임신 소식을 접해서 그만두게 되었다. 그럴 때마다 무엇이든지 한가지라도 꾸준하게 잘하는 사람이 부러웠다. 계속해서 줏대 없이 남과 나를 비교하다 보니 내가 한없이 작아지고 자존감도 낮아졌다. 심지어 나에게 제약되어 있는 시공간이 답답하게 느껴지기까지 했다. 부정적인 감정들이 느껴질 때마다 습관처럼 내가 지금 겪고 있는 감정들을 위로해 줄 책들을 찾았다. 공감이 되는 문구들은 핸드폰 노트에 기록해 생각이 날 때마다 수시로 들여다보았다. 다음은 내게 위로를 주었던 책의 구절들이다.

최중오의 『이젠 나답게 살기로 했다』 책 일부이다. 행복은 언제나 내 곁에 있다. 단지 어리석음이 내 눈을 가려서 소중한 것들의 가치를 보지 못하고 남들의 행복을 질투하고 부러워하기만 했다. 지금은 내가 가진 모든 것에 감사한다. 그리고 내가 할 수 있는 일, 즉 읽고 쓰고 말하기를 할 수 있음에 감사하다. 책을 읽다가 마음을 당기는 문장을 만날 때나 글을 쓰는 것만으로도 행복을 느낀다. 다음은 『데일카네기의 자기관리론』 책 일부이다. 매일 아침마다 자신을 격려하세요. 많은 사람이 비몽사몽인 채로 돌아다니는데 잠에서 깨려면 몸을 움직여 운동을 하는 것이 좋다는 것쯤은 다들 알고 있습니다. 하지만 아침마다 우리를 자극해서 움직이게 만드는 정신적 운동이 훨씬 더 중요합니다. 아침마다 자기 자신을 격려하세요.

나는 매일 아침 30분 일찍 기상, 그리고 독서 루틴을 성공할 때마다 나 자신을 격려했다. 공감되는 책의 한 단락에 미소를 짓기도 하고 가끔은 눈물이 핑 돌 때도 있었다. 이른 아침부터 긍정적인 문구들을 들쳐 보다 보니 점점 생각이 바뀌기 시작했다. 남편과 아이들에게 대하는 태도도 달라졌다. 매번 성난 사자로 있었던 나는 순한 양이 되는 경우가 많아졌다. 독서를 통해 생각을 정리하고 출근하다 보니 업무의 효율성도 높아졌다. 사전 계획을 수립하고 일의 우선순위를 정해 임무를 수행했다. 또한 책 한 권을 다 읽은 후에는 작은 성취감도 느껴졌다. 순식간에 스쳐 지나가는 휴대전화의 영상보다 종이 활자의 매력에 빠져들었다. 종이를 한 장씩 넘기는 맛도 있었다. 그 후 나는 1년에 책 100권 읽기에 도전하기로 결심했다.

3.

1년에 책 100권 읽기를 실천하라

나는 10대의 대학입시 준비, 20대의 안정된 직장과 결혼, 30대의 출산과 육아, 내 집 마련 등 무의식적으로 이것이 정상적인 삶이고 이 틀을 벗어나면 마치 큰일이라도 난 것처럼 살고 있었다. 오늘 직장에서 열심히 한 일을 내일도 열심히 해야 하고 오늘 가정에서 했던 전쟁 같은 육아를 내일도 똑같이 반복해야 했다. 시간이 흐를수록 늘어나는 책임과 의무는 무거웠고 다람쥐 쳇바퀴 돌듯 사는 삶에 지루해졌다. 그렇다고 애써서 이뤄 놓은 일과 가정을 한 번에 내팽개칠 수도 없었다. 또한 지금까지 내 삶을 너무 타인에게 맡기고 살았다. 타인의 목소리와 주변의 시선, 소셜 미디어의 통계와 정보 등에 치우쳐 살았다. 겉으로 드러난 모습만 보고 내 인생의 비하인드(behind)와 남의 인생의 하이라이트(highlight)를 비교했다. 내가 무엇을 위해 살아온 것일까 생각하며 자존감이 바닥을 쳤을 때 읽었던 파울로 코엘료의 『연금술사』는 나 자신을 되돌아보게 만들었다.

산티아고는 안락한 집을 떠나 양치기가 되었고 이 양들을 팔고 첫사랑도 포기하고 새로운 도전에 직면한다. 책의 초반에 노인과 젊은 양치기인 산티아고의 대화는 꼭 나를 위해 준비한 것만 같은 각본처럼 느껴졌다. 자아의 신화를 찾아가는 과정에서 산티아고라는 주인공이 마치 나인 듯한 감정이입까지 들었다. 사막과 오아시스는 언제나 변함없이 그 자리를 지키고 있었다. 그런데 나는 오아시스 있는 사막에서 가뭇없이 그 주변을 서성이고 있었던 것이다. 그리고 내가 느꼈던 긴장, 우울, 불안 등의 감정들은 한 단계 더 나은 성장을 위한 발판이라는 것을 깨달았다. 그것은 자아의 신화를 실현할 수 있도록 도와주는 기운이었다. 나는 '내가 누구인지', '왜 살아야 하는지', '내가 간절히 원하는 것은 무엇인지' 등 나의 마음소리에 집중했다. 이제는 남과 비교하지 않고 어제의 나와 비교하기로 결심했다. 이것은 책이 나에게 만들어 준 변화의 시작이었다.

직업 특성상 배우자와 떨어져 세 아이를 홀로 양육하는 경우가 많았다. 나는 직장에서 퇴근 후 곧바로 집으로 출근했다. 매일 반복적인 생활을 지속하다 보니 내 정신줄을 부여잡아 놓을 무엇인가가 필요했다. 나에게 그 무엇인가는 책이었다. 책은 나에게 오아시스 같은 존재였다. 책 한 권 읽기로부터 시작된 작은 성취감은 나의 불편함 감정들을 누그러뜨렸다. 1년에 책 100권 읽기에 도전하기라는 목표를 설정한 후 때마침 책 속의 한 문장을 발견한다. '인생은 타이밍이 아니라 타임이다' 매일 반복적인 생활을 지속하다 보니 어느 순간부터 그 패턴에 익숙해져 있는 나를 발견했다. 생각보다 더하고 덜해야 할 시간들이 많았다. 아침 30분 일찍 일어나 독서를 하는 시간이 덧셈의 시간이라면 자는 시간은 뺄셈의 시간이 되는 것이다. 24시간이라는 한정된 시간 속에서 덧셈을 해야 할 시간과 뺄셈을 해야 할 시간을 찾았다.

나는 먼지 한 톨 없이 깨끗하게 정리되어 있는 거실을 상상하며 매일 쓸고 닦기를 반복했다. 매번 똑같은 공간을 쉬지 않고 쓸고 닦다 보니 한 번씩 울화통이 터질 때가 있었다. 그 분노는 고스란히 남편과 아이들에게 여과 없이 전달되었다. 1년에 책 100권 읽기에 도전한 나는 완벽하지 않은 깨끗함을 허용하기로 했다. 매일 하던 청소를 일주일에 두세 번으로 줄였다. 그리고 눈에 거슬리지 않을 만큼 간단하게 정리만 했다. 그러던 어느 날은 둘째 아이가 자발적으로 청소 당번표(설거지, 거실 청소)를 만들어 왔다. 요일별로 세 아이를 포함한 가족 구성원이 시간을 공동 분담하다 보니 그 사이에 여유 있는 시간이 생겼다. 그리고 퇴근 후 아이들의 저녁 식사는 밀키트나 반찬가게, 배달 음식을 적극적으로 이용했다. 온갖 채소를 사다 이유식도 직접 만들었던 내가 짬 시간을 만들기 위해 장족의 발전을 한 것이다.

어찌 보면 직장 생활과 육아는 비슷하다. 맘 편하게 직장과 가정, 두 개를 다닌다고 생각을 전환했다. 이 두 개를 다니려면 각각의 공간에서 순발력과 집중력이 필요하다. 그래서 내가 세운 원칙은 일단 직장에 출근하면 퇴근할 때까지 그 일에만 충실한다. 그리고 퇴근 후 가정에서는 직장 일에 대해 생각하지 않는다. 매번 정신없이 퇴근 후 가정에서도 남겨져 있는 직장 일에 대한 걱정으로 이도 저도 집중하지 못했던 내가 생각을 전환하니 행동이 바뀌기 시작했다. 나에게 주어진 시간을 쪼개어 적극적으로 활용했다. 이 루틴이 지속되자 이전보다 마음이 훨씬 편안해졌다. 마음이 편안해지니 몸도 가벼워졌다. 몸이 가벼워지니 숨이 덜 찼다. 그리고 어느 순간부터 나에게 꼭 필요한 것들만 챙기기 시작했다. 마라톤 같은 인생에서 100m 달리기를 계속하다 주저앉지 않도록 나 스스로 행복의 기준을 만들어 가기 시작했다.

나는 나만의 방식대로 독서 습관을 최적화시키기 위한 또 다른 방법을 찾았다. 내 눈에 보이는 곳곳에 책들을 놓았다. 특히 매일 아침 일어나서 들어간 화장실이라는 공간은 내가 짧은 시간에 책을 집중해서 읽을 수 있는 최적화된 공간이었다. 나는 휴대전화 대신 책을 가지고 들어가는 횟수를 늘렸다. 만약 휴대전화를 가지고 들어갔다면 전자책 앱을 접속했다. 또한 출근 후 한 시간의 점심시간도 온전히 나만의 시간으로 만들었다. 식사 후 남은 시간은 가감 없이 책을 펼쳤다. 퇴근 후에도 남는 시간이 있다면 단 5분이라도 아이들이 보는 앞에서 책을 펼쳤다. 내가 책을 펼치기 시작하니 가끔씩 아이들도 자기 책을 펼쳐 보기 시작했다. 거창하지 않지만 최대한 시간을 밀도 있게 만들려고 노력했다. 유럽에 '짬을 이용하지 못하는 사람은 항상 짬이 없다'라는 속담이 있다. 짬을 이용하니 짬이 있었다. 내 생애 처음으로 시작은 미약하나 끝은 창대해지기 위한 순간이었다.

돌이켜 보니 나는 학창 시절 책을 좋아하는 내향적인, 가끔은 외향적인 학생이었다. 교내 글짓기 대회에서 종종 입상을 했던 기억이 있다. 그래서 책을 쓰는 작가가 되고 싶다는 막연한 꿈을 가지고 있었다. 당시에 직업 탐색에 대한 과제를 수행하던 중 한 무명의 작가님에게 궁금한 몇 가지 질문들을 포함한 이메일을 보냈다. 밥벌이로 하기에는 결코 쉽지 않은 직업이라고 회신을 받았던 기억이 어렴풋하다. 그리고 작가라는 직업은 미련 없이 잊어버렸다. 이후 나는 비교적 학비가 저렴한 국립 대학교에 입학하여 부모님에게 손 벌리지 않는 안정된 직업을 가지고 독립을 위한 밥벌이에 집중했다. 그러나 이제는 할 수 없으리라고 스스로 단정 지어 놓은 하지 못할 일들을 하나씩 꺼내 보기로 했다.

어느 날 군인 가족 생활수기 작품 공모전 공고를 우연히 보게 되었다. 나는 군인과 군인가족으로 일상에서 겪었던 이야기와 내가 느꼈던 감정들을 하얀 페이지 안에 빽빽하게 담아냈다. 그리고 얼마 뒤 깜짝 놀랄만한 전화가 왔다. 내가 제출한 글이 대상으로 선정되었으며 도지사 상장과 백여만 원이 넘는 상금이 수여된다는 것이다. 현역 작가들로부터 '군인과 가족들에게 자긍심을 느끼게 하는 자랑스럽고 당당한 이야기를 생생하게 담아냈다. 글솜씨 또한 뛰어나며 간결한 문장과 정확한 언어가 돋보인다.'라는 최고의 심사평도 받았다. 그날 이후 나는 자신감을 얻었다. 1년에 책 100권을 읽으며 문득 어릴 때 꿈꿔왔던 작가의 꿈을 그려 봤다. 그리고 20여 년 전에 작성한 그동안 열어 보지 않았던 빛바랜 일기장을 꺼내 마지막 페이지를 펼쳤다. 어쩌면 내 꿈은 이루어지고 있었다.

4.

작은 것도 뮤즈로 만드는
독서 습관

뮤즈(muse)란 춤과 노래·음악·연극·문학에 능하고, 시인과 예술가들에게 영감과 재능을 불어넣는 예술의 여신이다. 또한 지나간 모든 것들을 기억하는 학문의 여신이기도 하다. 고대인들은 뮤즈를 무사(Musa)라 불렀는데, 이는 '생각에 잠기다, 상상하다, 명상하다'라는 뜻의 고대 그리스어에서 비롯된 것이라고 한다. 책은 나를 생각에 잠기게 하고, 상상하게 하고, 명상하게 만들며 즉 '영감을 주는 존재'였다.

나는 육아에 지칠 때마다 각종 육아서를 닥치는 대로 읽었고 책을 통해 공감하며 위로를 받았다. 최근 남정민의 『일하는 엄마, 육아휴직 일 년』이라는 책을 읽었는데 주목할 만한 부분이 있어 소개한다. 미국에서 워킹맘의 직업적 생산성에 대한 연구가 진행된 적이 있었다고 한다. 미국 연방준비은행 연구진이 남녀 직장인 1만명을 대상으로 조사했더니 아이를 키우는 직장인은 그렇지 않은 직장인보다 생산성이 훨씬 높았으며 특히 아이가 둘 이상인 여성은 하나인 여성보다도 생산성이 뛰어났다는 것이다. 그 이유로 아이를 키우며 책임감과 소속감, 심리적 안정감이 생겨나기 때문이라고 연구진은 분석하고 있다. 사실상 엄마 직원은 민폐라던 생각과 현실은 절대 반대라는 것이다.

되돌아보면 나도 새 생명 탄생에 대한 설렘이 있었지만 두려움도 있었고, 행복한 날도 있었지만 우울한 날도 있었다. 하지만 이러한 무수한 변화 속에 내가 느낀 감정들은 나를 더 성장시켰다. 군 복무를 하면서 내 자녀들을 위해, 더 넓게는 다음 세대를 위해 이 조직에 어떻게 기여할 수 있을까 하는 고민과 물음을 갖게 된 것이다. 다문화가정에서 태어난 우리 아이들의 어린이집 친구들을 보고 느낀 내용을 다문화 군대라는 주제로 의견을 제시해 조직 내에서 공감대를 형성시켰고, 아빠와 엄마처럼 군인이 되고 싶다는 아이들을 생각하며 작성했던 각종 정책 제언들을 통해 함께 고민하고 학습하는 조직으로 발전할 수 있는 발판을 마련했다. 또한 빠르게 성장하는 아이들의 궁금증을 해결해 주기 위해 꾸준한 배움을 실천함으로써 석사 학위도 취득했으며 '육아도 체력 싸움이다'라는 생각을 가지고 틈틈이 체력 단련을 통해 체력 검정 특급을 달성하는 등의 성과도 있었다. 이러한 노력이 더해지고 곱해져 조직 내에서도 인정을 받게 되고 각종 표창 및 상장 등을 두루 수상하게 되었다.

언론이나 각종 매체 등에 등장하는 임신 · 출산 · 육아로 인한 여성의 경력 단절이라는 단어는 우리를 무력하게 만든다. 현실은 녹록지 않다. 어찌 됐든 일을 쉬게 되면 한 번도 쉬지 않고 달리는 사람들과 비슷한 속도로 가는 것은 포기해야 한다. 불안이 찾아올 때보다 인생은 속도보다는 방향이라는 말을 떠올린다. 그리고 시행착오가 많았지만 이를 극복하고 도전한 나의 경험들을 통해 당당하게 말하고 싶다. 임신 · 출산 · 육아는 경력 단절이 아닌 스펙이다. 나의 모든 고민과 물음은 자녀들에게서 비롯됐으며 이것을 해결하고 풀어 나가는 과정에서 나는 더 단단해지고 다듬어져 있었다. 이것 또한 책이 나에게 쥐여 준 무기였다.

언젠가 모 예능프로그램에서 제니퍼 로페즈와 방탄소년단이 인정한 댄서 아이키가 출연했던 방송을 본 적이 있다. 그녀는 안무에 영감을 주는 뮤즈로 9세 딸을 꼽으며 '잘 추는 춤을 추다 보니 점점 무디어지는 측면이 있다. 그런데 딸의 춤을 보며 어설프게도 몸을 쓰는 모습에 영감을 받게 된다'라고 했던 말이 아직도 기억에 남는다. 생각을 전환하니 내 아이들은 군 경력 단절의 원인이 아닌 군 복무에 영감을 주는 뮤즈가 되어 있었다.

그리고 1년에 책 100권 읽기를 목표로 시작되었던 독서 습관은 내가 직장에서 수행하고 있는 업무와도 함께 연계되어 긍정적인 영향을 발휘했다. 우리 부대는 국방부와 문화체육관광부, 한국출판문화산업진흥원·한국도서관협회가 협업해 지원하는 병영독서 활성화 지원사업에 선정되었다. 병영독서 코칭 전문 강사님의 방문 하에 독서 코칭을 진행하게 되었고 나는 이를 보조하는 역할을 수행했다. 물론 시작은 절대 쉽지 않았다. 확고한 군사대비태세를 확립하기 위한 임무를 수행하는 와중에 자발적으로 짬 시간을 활용해 모인 장병들과 함께 시작한 병영독서 코칭은 경직됐던 장병들의 마음을 부드럽게 보듬어 주는 한 줄기 빛이 되었다. 그리고 나는 장병들과 함께했던 시간들을 기록으로 남겨 공유했다. 아래는 〈국방일보〉에 「오늘 책 읽는 장병, 내일을 읽는 리더」라는 제목으로 기고한 글 일부이다.

장병들이 독서 코칭을 시작하게 된 계기는 저마다 달랐다. 편독(偏讀), 오독(誤讀) 없는 독서를 위해, 나 자신을 이해하고 싶어서, 또는 프로그램에 대한 호기심으로 찾아온 여러 장병을 만났다. 하지만 이들에게는 한가지 공통점이 있었다. 군 복무기간을 자기 삶의 흐름에서 벗어난 단절의 시간이 아닌 미래를 준비하는 도약의 시간으로 만들겠다는 각오가 그것이다. (…) 나 또한 독서 코칭을 하면서 『어른의 문답법』이라는 책을 읽고, 생각이 다른 사람과 어떻게 대화를 이어갈 수 있을지를 고민해 봤다. 그러면서 소통의 의미를 다시 한번 생각해 볼 수 있었다. 또 『시시콜콜한 조선의 일기들』이라는 책에서는 조선시대 사람들의 사적인 기록을 살펴봤다. 그리고 현재의 병영생활과 과거의 기록을 접목해 장병들과 소통하는 매우 흥미로운 경험을 했다. 삶의 어려움이 결과적으로 인생의 긍정적인 효과를 맺는다는 조언이 담긴 『너 하나만 보고 싶었다』라는 책은 마음 근육을 단단하게 해 줬다. (⋯) '아무리 강한 무기라도 그것을 다루는 것은 사람'이라는 말처럼 우리 군의 전투력을 강화하는 것은 장병들이다. 건강한 소통으로 책 읽기의 즐거움을 경험했던 이 특별한 시간이 소통의 부재에서 오는 각종 갈등을 예방하고, 더 강한 군대를 위한 집단지성의 시너지를 발휘할 것으로 기대한다.

또한 나는 책을 중심으로 나의, 나에 의한, 나를 위한 주변 환경과 분위기 조성에 집중했다. 살갑지 않고 무던한 성격인 나는 일하는 엄마로서 주변 엄마들과 소통을 하거나 자녀 교육에 대해 소홀할 수밖에 없었다. 때마침 아이의 초등학교에서 학부모 독서동아리를 모집한다는 안내장을 받게 되었고 필연적으로 가입해 주변 엄마들과 함께 자녀 교육, 요리, 정리 수납 등의 다양한 책들을 공유하고 만남을 통해 소통했다. 그리고 '날마다 읽기'라는 지역 독서 모임에 가입해 월 1회 책 한 권을 선정한 후 본인이 공유하고 싶은 책의 구절과 생각들을 양식에 제한 없이 그룹 채팅으로 남겼다. 책 한 권의 정해진 분량에서도 개인마다 마음에 와닿는 구절과 생각이 서로 달랐다. 이는 내가 놓쳤던 구절들을 다시 되돌아볼 수도 있었고 독서의 스펙트럼을 넓히는 계기도 되었다. 가끔은 나 혼자 외로웠던 독서 활동이 독서 모임이라는 조직과 구성원들과의 소통으로 인해 점점 더 풍요로워졌다.

이제 와서 되돌아보니 매일 나만 손해 보는 것 같았던 결혼과 육아 생활이 꼭 그렇지만은 않았다. 오히려 나에게 남는 것이 많았다. 모난 돌이었던 나는 결혼과 육아 생활을 통해 스스로를 깎고 부딪치고 다듬어져 점점 부드러워졌다. 결혼을 통해 서로 다른 성장환경과 성격, 사고를 하며 자라온 둘이 하나가 될 수 있었고 사랑의 결실로 세 명의 아이가 세상의 빛을 볼 수 있었다. 또 전쟁 같은 육아 생활은 나를 더 부지런한 멀티플레이어로 만들었고 단단한 배짱도 생겼으며 내 삶의 활력소가 되었다. 어느덧 책은 나에게 긍정적인 영감을 주는 뮤즈가 되어 있었다.

5.

독서가
최고의 재테크다

최근에 우리 부부는 함께 맞벌이를 하고 있지만 세 아이가 커갈수록 아이들에게 지출되는 각종 생활비도 점점 배로 늘어나는 것을 체감했다. 시간이 흐를수록 나 자신에게 쓰는 돈과 시간은 점점 줄어든다. 매년 공지되는 봉급표에 의해 월 지급액은 한정되어 있기에 내가 받는 봉급의 범위 내에서 잘 쪼개서 가계를 운영해야 한다. 가끔은 책 한 권을 구입할 때면 아이들이 먹을 귤 한 박스를 놓고 이 둘 중에 무엇을 구입할까 저울질을 하는 경우도 있었다. 그래서 내가 정한 나름의 규칙은 한 달에 최소 한 권 이상은 내가 소장하고 싶은 책을 구입하는 것에 망설이거나 주저하지 않는다는 것이다. 그리고 시골에 살면 좋은 점이 한 가지가 있다. 즐길 거리가 많은 도심권에 비해 한정되어 있다 보니 도서관을 자주 찾게 된다는 것이다.

최근에 새로 개관한 도서관까지 내가 살고 있는 반경 가까이에는 2개의 도서관이 있다. 넓은 땅덩어리에 적은 인구수, 도서관에서 내가 보고 싶은 책이 대출 중이면 예약 대기를 걸어 놓으면 생각보다 빨리 내 차례가 돌아온다. 새 도서관에 새 책 냄새, 나는 도서관 앞에 발을 디디는 순간 마음이 차분해지며 무언의 에너지를 얻는다. 여유 있게 보고 싶은 책이 있다면 도서관 홈페이지를 접속해 희망도서 신청 기능을 적극적으로 활용했다. 희망도서 신청이란 도서관 회원증을 발급받은 도서대출 회원이 월 3권의 범위에서 도서관에서 소장하고 있지 않은 도서를 신청할 수 있다. 또한 구입 반영된 도서에 한하여 신청자에게 도착했다는 안내 메시지까지 친절하게 보내준다. 내가 살고 있는 반경 가까이에는 두 개의 도서관이 있으니 월 6권을 희망도서로 신청할 수 있는 것이다. 그야말로 아는 사람만 아는 꿀팁이다.

　한동안은 주변 친구와 지인들이 부동산과 주식, 코인 등에 투자했다는 재테크 관련 소식이 심심치 않게 들려왔다. '주식이 고점이네, 저점이네', '부동산이 상승이네, 하락이네', '어떤 코인이 좋네, 아니네' 등 이런저런 이야기를 듣다 보면 나도 가만히 손 놓고 있다가 요즘 세대 신조어인 '벼락 거지'가 되지 않을까 마음이 조급해졌다. 그래서 아침에 눈을 뜨면 부동산·주식 등 경제 관련 뉴스를 검색하고, 경제 전문 유튜브 영상이나 재테크 서적을 찾아보는 날이 잦아졌다. 그러던 와중에 나는 각종 재테크 책들을 섭렵하고 이들의 공통된 점 한 가지를 발견했다. '지금 하는 내 일에 최선을 다하자' 돈을 더 벌기 위해 현재 내가 하는 일을 때려치우고 다른 곳에 집중하라는 말은 지금까지 읽은 책 어디에도 없었다. 무조건 본업이 우선이고 본업에서 잘해야 그 외의 일에서도 잘할 수 있다는 것이다. 내 분야에서 전문가가 되어 나의 몸값을 올리는 것이 우선이 되어야 한다. 그 이후에 나는 재테크 책들을 읽고 느꼈던 내용들을 장병들과 함께 공유하고 싶어 지면의 기록으로 남겼다. 아래는 〈국방일보〉에 「성실한 군 복무가 최고의 재테크다」라는 제목으로 기고한 글 일부이다.

(…) 그러던 어느 날 생각을 바꾸게 된 계기가 있었다. 한 예비역 간부님의 블로그에서 뼈를 때리는 듯한 글을 보고 자신을 되돌아보게 된 것이다. 글에는 "직장 생활도 어떻게 마음먹고 하느냐에 따라 아주 보람차고 재미있게 할 수 있다. 조기 은퇴로 '파이어족'이 될 것이 아니라면 다니고 있는 직장에 어느 정도 시간을 투자해야 한다. 그 결과로 멋진 보고서를 작성한다면 그것이 더 낫지 않을까. 직장에서 좋은 평가를 받아 승진과 성과금을 받는 것이 더 좋은 재테크 수단"이라고 적혀 있었다.

합법적이고 적절한 투자를 통한 성취는 자신감과 경제적 여유를 가져다준다. 그래서 다들 여러 방법으로 재테크에 손을 대는 것이다. 하지만 군인 신분을 망각한 지나친 투자는 오히려 독이 될 수 있다. 지인을 따라 투자해서 얼마를 벌었다는 소식에만 솔깃한 나머지 과한 투자를 반복하면서 파국에 이르는 경우가 많다. 제도권 밖의 사금융 대출을 받았다가 계속 불어나는 이자로 고생하는 사례도 있다. 모두 '과유불급'이 현실에서 나타난 모습이다. '과유불급'은 정도를 지나침은 미치지 못함과 같다는 중용(中庸)이 중요함을 가르킨다.

나폴레옹이 전장에서 네잎클로버를 발견하고 신기하게 여겨 허리를 숙였는데 그 순간 적의 총탄이 나폴레옹 등 뒤로 날아갔다는 일화가 있다. 덕분에 나폴레옹이 목숨을 건진 사연이 알려지면서 네잎클로버는 행운의 상징이 됐다. 하지만 여기서 우리가 간과한 것이 있다. 네잎클로버(행운)를 찾기 위해 주위에 널려 있는 수많은 세 클로버(행복)를 밟고 지나간 것은 아닐까? 한번 생각해 볼 만한 부분이다. (…) 그렇다면 내가 현재 군인 신분으로 할 수 있는 최고의 재테크는 무엇일까? 우선 창의 · 책임 · 봉사를 바탕으로 계급 · 직책에 맞는 임무를 완수하는 것이다. (…) 오늘도 나에게 주어진 임무에 최선을 다하면서 정성스럽고 참된 복무로 '내 인생 최고의 재테크'를 완성하겠다.

이와 연계하여 최근 읽었던 김경진의 『무작정 퇴사하지 않겠습니다』라는 책에서 마음에 와닿는 구절을 소개한다. 매일 똑같은 출퇴근길, 익숙해질 대로 익숙해진 업무, 특별할 것이 없이 되풀이되는 일상은 지루하다. 그러나 반복해서 계속한다는 것은 삶에서 큰 의미를 지니고 있다. 최초로 에베레스트산에 성공한 에드먼드 힐러리 경은 어떻게 그 높은 산을 정복했냐는 질문에 "한 발 한 발 걸어서 올라갔다"라고 답했다. 원하는 것을 이루는 방법은 이렇듯 간단하다. 반복적으로 노력하는 것이다. 그 반복이 삶을 채우고 나를 이끌어 간다. 매일의 부딪힘 속에서 계속하고 있다는 것은 변화와 성장을 의미한다. 이어서 켈리 최의 『웰싱킹』이라는 책에서는 먹고사는 일은 가장 단순하게 보이지만 그 자체로 위대한 일이다. 세상에 태어나 자기가 먹을 것을 구하는 행위는 인간으로서 품위를 지키는 것이다. 내게 주어진 삶을 포기하지 않겠다는 의지이자 구성원으로서의 책임과 의무를 다하겠다는 다짐의 표현이다. 나는 이 두 권의 책을 통해 지금 내가 하고 있는 반복적인 이 모든 일들이 의미 있는 밥벌이라는 것을 더불어 나와 우리 아이들이 살아갈 조국인 대한민국을 수호하기 위한 가치 있는 일이라는 것을 다시 한번 확신했다.

나는 책을 통해 긍정적인 에너지를 얻으면서 내 직업에 자부심을 느끼고 내 일을 더 사랑하게 되었다. 그러자 가족들도 나를 적극적으로 응원하기 시작했다. 가장 1열에서 직관하며 전투복을 입은 엄마의 모습을 응원하는 것은 나의 세 아이들이다. 어느 날은 첫째 아이의 학부모 상담간 미처 알지 못했던 아이의 속마음을 알고 담임선생님 앞에서 눈물을 훔쳤던 경우도 있었다. 당시 남편은 타지역으로 발령받아 나 홀로 1년 동안 세 아이를 양육하는 상황이었는데 아이의 걱정거리 1순위가 바로 '동생들이 말을 듣지 않아 엄마가 힘들어한다'라는 것이었다. 그날 이후 마냥 어리게만 보였던 아이들이 전혀 다르게 보이기 시작했다. 매일 일과 육아에 허우적거리며 빈

틈이 많은 엄마를 아이들이 채워 주기 시작한 것이다. 100% 완벽하진 않지만 아이들 스스로 집안일을 하기도 하고 한 끼 정도는 알아서 챙겨 먹기도 했다. 엄마력이 약해지니 아이력이 강해진 것이다. 나의 어린 시절을 되돌아보면 나를 정성스럽게 키워 주신 부모님께 진심으로 감사하지만 한편으로는 나를 위해 자신의 꿈을 포기하고 자식들에게 더 좋은 것을 먹고 입히기 위해 생계에 매진할 수밖에 없었던 부모님의 인생에 늘 마음이 쓰였다. 즉 양가감정이 드는 것도 사실이다. 그럼에도 불구하고 현재는 배움의 끈을 놓지 않고 관심 있는 분야에 정진하는 부모님의 모습을 보면 한편으로는 마음이 놓인다. 그리고 나는 어린 시절의 내 경험을 통해 깨달았다. 나자신을 버리고 아이들에게 무조건 희생한다고 좋은 엄마가 되는 것은 아니다. 이 세상 최고의 자산은 나 자신이다. 누구보다도 나를 우선순위에 두어야 하며 나 자신이 투자 대상이 되어야 한다. 어쩌면 아이들이 성인이 되었을 때 배움의 끈을 놓지 않고 실패하더라도 계속해서 도전하는 엄마의 모습을 보여 주는 것이 최고의 가르침이 아닐까. '자신에게 최대한 많이 투자하라. 당신은 당신의 가장 큰 자산이다.' 미국의 기업인이자 투자가, 세계적인 백만장자인 워렌버핏의 어록처럼 나는 1년에 책 100권 읽기를 통한 독서라는 시드를 바탕으로 나 자신에게 장기 투자하기로 결심했다.

6.

한 권의 책으로
혁명이 가능할지도 모른다

릭 핸슨의 『행복 뇌 접속』이라는 책을 보면 실제로 지난 6억 년 동안 인간의 뇌는 생존을 위해서 당근보다 채찍에 훨씬 더 잘 적응하며 부정적인 것에 먼저 반응하도록 진화되어 왔다고 한다. 야생에서 생존하기 위해서는 자신의 부주의함이나 놓쳤던 부분, 부족한 점을 반드시 보완해야만 한다는 사실이 뇌에 각인된 것이다. 책에서는 한 가지 부정적인 사실을 상쇄하기 위해서는 최소 다섯 번의 긍정적인 효과가 필요하다고 말한다.

어느 날 독서 습관에서 파생된 감사일기, 긍정일기, 미래일기를 작성하다가 우연히 생애 처음으로 나의 장례식이라는 글감을 주제로 두서없이 글쓰기를 시작했다. 그 상황을 상상하며 글로 적으려니 작성하기도 전에 갑자기 눈물이 뚝뚝 떨어졌다. 어차피 사람은 태어나면 줄곧 죽음을 향해 걸어간다. 그 길에 다다른 나의 마지막 모습을 생각하니 지금 살아가는 모든 일들이 마치 기적처럼 느껴졌다. 다음은 내가 작성한 글 일부이다.

어두컴컴하고 칙칙한 건물의 싸늘하고 음습한 기운, 검은 옷을 입은 사람들의 대성통곡, 장례식장 특유의 향냄새는 원하지 않습니다. 내 마지막은 알록달록 실내장식의 기분 좋아지는 색감들, 향긋한 냄새가 코끝을 스치는 프라이빗한 공간이었으면 좋겠습니다. 그리고 두 눈 부릅뜨고 무표정한 정면의 영정사진도 싫어요. 그 프라이빗한 공간에 내가 지금까지 살아온 아주 생기발랄한 사진이 많이 있으면 좋겠어요.

그리고 그 공간에 〈Over The Rainbow〉라는 음악이 잔잔하게 흘러나올 수 있게 해 주면 좋겠습니다. 그 음악은 나와 배우자가 하와이로 신혼여행 갔을 때 들었던 곡이었는데 매우 인상 깊었습니다. 그리고 손님들에게 대접하는 음식은 시뻘건 육개장과 차가운 편육보다는 색깔이 화려한 과일과 싱싱한 샐러드 등 가볍고 담백한 음식으로 준비해 주세요.

부고는 내 핸드폰 연락처에 등록되어 있는 사람에게 모두 전했으면 좋겠습니다. 드물긴 하지만 가끔씩 내 안부를 물어보며 갑작스럽게 전화하는 지인들이 있거든요. 그분들이 평상시처럼 무심코 전화를 했는데 내가 이 세상 사람이 아니라고 한다면 무척 당황해할 것 같습니다. 나의 부고 메시지 전달은 지금 현재를 살고 있는 사람들에게 전달하는 상대방에 대한 나의 마지막 예의 또는 배려라고 해 두죠.

내가 저세상으로 갈 때 나의 가족들은 너무 많이 슬퍼하지 않았으면 좋겠습니다. 내가 사랑하는 사람들이 오열하며 울고 있다면 마음이 너무 아파 다시 살아 돌아오고 싶을 것 같아요. 너무 깊지 않고 너무 얕지 않은 적당한 슬픔과 그리움만 보여 주세요. 어차피 인생은 태어남과 동시에 죽음을 위해 살아가는 것이 아닌가요. 그리고 방명록에는 ○○이 잘 살았다. 라는 응원 메시지로 작별 인사를 퉁 쳤으면 좋겠습니다.

나는 묘지에 묻히거나 별도의 추모 공간은 원하지 않습니다. 그리고 제사나 별도의 의식 같은 것도 하지 않았으면 좋겠습니다. 그냥 매년 내가 저세상으로 간 날에 마음속으로 나를 그리워해 준다면 좋을 것 같아요. 그리고 내가 이 세상에서 태어나 남기고 간 증표인 내 아이들이 모여 식사 한 끼를 한다면 더할 나위 없이 흐뭇할 것 같습니다. 혼자가 아니라 셋이 서로 의지하며 잘 지냈으면 좋겠습니다.

이렇게 나의 장례식은 어두컴컴한 저승길이 아닌 알록달록한 꽃길이었으면 좋겠습니다.

얼마 전에 한 대학교 졸업식에서 가수 이효리의 축사가 화제 되었다는 기사를 본 적이 있다. 인상 깊었던 내용은 다음과 같다.

"'나는 나약해, 나는 바보 같아, 나는 더 잘할 수 없는 사람이야.' 같은 부정적인 소리는 진짜 자신의 소리가 아니에요. 물론 저 또한 매일 그 소리를 듣고 흔들리고 좌절하지만 그 소리 너머의 진짜 내가 최선을 다해 목청 터져라 나에게 소리치고 있다는 걸 이제 조금씩 느낍니다. 그 너머의 소리는 늘 나를 아끼고 사랑하고 내가 언제나 더 좋은 길로 갈 수 있도록 늘 말해 주고 있습니다. 여러분 귀를 기울여 주세요. 지금은 너무 작아 못 들릴지라도 믿음을 갖고 들으려고 노력하면 그 소리가 점점 커짐을 느낄 수 있을 거예요. 나를 인정해 주고, 사랑해 주는 내 안에 그 친구와 손잡고 그대로 나아가세요."

지난날을 되돌아 생각해 보니 어느 순간부터 독서는 나를 더 좋은 길로 갈 수 있도록 안내해 주는 이정표가 되어 있었다.

요즘 나는 독서에 이어 달리기에 푹 빠져 있다. 띄엄띄엄 실시했던 달리기가 어느 날부터 매일 하는 습관이 되었다. 가만히 생각해 보면 독서와 달리기에는 공통점이 있다. 첫 번째로 큰 비용이 들어가지 않고 가성비가 좋다는 점, 두 번째로 몸과 마음의 근육을 단단하게 해 준다는 점, 세 번째로 내가 세웠던 목표를 달성하면 작은 성취감을 느낄 수 있다는 점이다. 매번 거창하게 배우려고 시도했던 악기나 운동용품들은 구입함과 동시에 중도 포기로 한쪽 방구석에 방치되어 있다. 중간에 영어 공부도 시도했지만 매번 교재만 사 놓고 어영부영 시간만 흘렀다. 시간이 흘러 다시 시작하려고 시도하면 구닥다리 교재를 핑계로 또 구입하기를 반복한다. 이것저것 시작하고 포기하기를 반복하다 보니 돈은 돈대로 들고 흥미도 금세 사라진다. 결국에는 좌절감과 자책감, 시간이 더해지면 무기력까지 유발한다. 차라리 안 하느니만 못하는 결과가 나타난 셈이다. 아주 소소하지만 내 경험이 이것을 증명한다. 책 한 권 읽기를 통한 습관은 1년에 책 100권 읽기를 성공시켰고 매일 실시했던 달리기는 지역 건강달리기 대회 참가를 통해 순위권 내에 진입하여 지역 특산물을 상품으로 받게 되는 작은 성취도 경험했다. 그리고 나는 독서와 달리기로부터 시작된 작은 습관을 통해 잔근육을 단련시켜 지금까지 시도하자마자 포기한 일들을 다시 도전해 보려고 계획 중이다. 결국 작은 습관은 지속적으로 유지하는 것이 중요하다. 작은 일에 성공한 경험이 많을수록 중대한 일에 성공할 가능성도 매우 높아지기 때문이다.

"이 일을 하게 된 동기가 있나요?" 전투복을 입은 나의 모습을 처음 본 사람들은 제일 먼저 이런 질문들을 하게 된다. 한국군의 여군 비율이 이전보다는 확대되었지만 대한민국의 여성이 전투복을 입고 출근하는 모습이 아직까지는 흔하지 않기 때문이다(2020년 국방부 발표에 의하면 한국군의 여군 비율은 6. 8%이다). 매번 나는 이 질문들을 받게 되면 항상 고민이 되었다. 답변을 할 때 두 눈을 부릅뜨고 군인으로서의 정신무장, 국가관, 안보관, 대적관에 대한 이야기를 해야 할 것인가? 아니면 지극히 개인적인 나의 이야기를 솔직하게 털어놓아야 할 것인가? 아마도 이 두 개의 자아가 내 머릿속에서 종종 충돌했던 것 같다. "그냥 어쩌다 보니 지금까지 하고 있네요."라고 대충 얼버무리며 그 상황들을 모면했지만 그 답변이 썩 나와 상대방에게 크게 만족스럽지는 않았던 것 같다. 나는 이 일을 왜 하는 것일까? 스무 살 초반 단순히 부모로부터의 독립을 위한 이른 선택이었고 나에게 주어진 두 갈림길 중에서 이 길을 가는 것이 나 자신에게는 밑지지 않을 것이라 생각했다. 인생의 모든 시련과 절망이 나에게 온 것만 같은 느낌이 들었을 때 선물 같은 지금의 남편을 만나 뜨거운 사랑을 했고 결혼 십 년이 지난 지금은 그 사랑의 결실로 토끼 같은 자식들이 셋이나 있다. 그리고 현재도 일과 가정 사이에서 분투는 계속되고 있다. 더불어 요즘은 1년에 책 100권 읽기라는 도전을 통해 자존감을 키우는 중이다. 어느덧 책은 나를 지켜 주는 무기가 되어 있었다. 결론은 내가 이 일을 시작하게 된 이유가 어찌 되었건 시작은 어설펐지만 내가 지금 하고 있는 이 일들을 통해 의미 있고 가치 있는 무엇인가를 해 보고 싶다는 생각이 든다. 어쩌면 내 일을 통한 또는 1년에 책 100권 읽기라는 도전을 통한 습관들이 그 시작이 되지 않을까 싶다.

매일 아침 나는 눈을 뜨면 즐거운 상상을 한다. 즐거운 상상의 토대는 그 책 한 권, 그 한 줄로부터 이루어졌다. 한 권의 책으로부터 시작된 독서가 습관이 되었고 어제의 위기가 독서를 통해 오늘의 기회가 되었다. 그리고 독서 습관은 또 다른 습관들을 파생시켰다. 결국 그 하룻밤, 그 책 한 권, 그 한 줄이 내 인생을 변화시켰다. 앞으로도 1년에 책 100권 읽기라는 나의 소박한 도전은 쭈욱 계속될 것이다.

글쓰기는
좋은
습관으로
이어진다

HABIT 7

글쓰기를 시작했다면

지금, 이 순간이 가장 좋은 시작이다.

꾸준히 훈련하면 글쓰기가

습관이 되어 능숙해질 것이며,

여러분의 생각과 감정을 표현하는

강력한 수단으로 자리 잡을 것이다.

1.

좋은 습관,
글쓰기로 시작하라

당선 이메일을 받고 지난 일들이 주마등처럼 지나가면서 '나는 왜 글이 쓰고 싶었을까?'라는 생각을 하게 되었다. 대학을 마치고 첫 직장을 다닐 때였다. 직장을 구했다는 기쁨도 금새 지나가고 고된 회사 생활이 연속되었다. 내가 직장 생활을 시작한 2001년은 주 5일 근무제가 정착되기 전이었으며, 지금처럼 '워라밸', '저녁이 있는 삶' 등의 개념이 없던 시절이라 나는 주말에도 출근을해서 일을 했다. 고된 서울 삶을 벗어나고 싶었지만, 현실 앞에서 변화가 두려워 다른 길을 찾기가 쉽지 않았다.

그때 '누가 내 길을 알려 주면 얼마나 좋을까?' 하는 마음이 간절했지만, 주변에서 그런 멘토를 만날 수는 없었다. 그러던 중 돌파구로 삼은 것이 독서였다. 당시 교보문고 앞에 가면 건물 벽에 교보문고 창업주 신용호 회장의 '사람은 책을 만들고 책은 사람을 만들다.'라는 글귀가 걸려 있었다. 그 말에 감동을 받아 책을 더 읽기 시작했다. 그 후로는 독서는 내 삶의 중요한 일부이자, 멘토였다.

사람은 뭐든 한 가지 일을 오래 하게 되면 다음 단계로 넘어가고 싶어 진다. 독서도 마찬가지였다. 계속 읽다 보니 나도 내 글을 쓰고 싶은 욕심이 생겼다. 막상 글을 쓰기로 마음을 먹었지만, 읽기만 했지 써 본 적이 없어 막막하기만 했다. 우선 가장 힘든 부분은 뭘 써야 할지 모른다는 것이다. 나의 일상은 독자들이 관심 없을 것 같고 그렇다고 나에게 남보다 잘하고 남들이 관심을 가져 줄 만한 특별한 기술이나 능력이 있지도 않았다.

그래도 현업에서 일을 하고, 또 많이 읽었던 책이 '퍼스널컬러' 실용서였기 때문에 실용서를 쓰고 싶었고, 특히 우리나라 퍼스널컬러 활용법을 쓰고 싶었다. 그래서 일단 그동안 읽은 퍼스널컬러 관련 책들과 고객들의 상담 데이터와 배운 지식 및 나의 생각을 모아 글을 쓰기 시작했다.

글을 쓴다는 것이 어떤 날은 재미있기도 했지만, 대부분은 글을 쓸 수 있는 시간을 확보하기 쉽지도 않았고, 시간을 확보하더라도 막상 책상 앞에 앉으면 아무 생각이 나지 않았다. 그래서 일상생활 중 글 소재가 떠오르면 바로 메모를 하기 위해 항상 수첩과 메모장을 지니고 다녔다. 손님을 기다릴 때나 길을 걸을 때나 좋은 생각이 나면 메모를 했고, 메모를 바탕으로 시간이 날 때 글을 정리했다.

그러나 글을 쓸 시간이 불규칙한 날에는 생각들이 연결되지 않아 글을 마무리할 수 없었다. 당시에 나는 『아침형 인간』이라는 책에 감명을 받아 새벽 5시면 일어났지만 아침에는 글이 잘 써지지 않았다. 이렇게 글을 쓴다는 목적과 꿈을 갖고 도전을 하고 있지만, 글을 완성할 수 없었다. 우여곡절 끝에 절반 정도 썼을 때 문득 이런 생각이 들었다.

"난 지극히 평범한 1인 사업가뿐인데 내가 쓰는 실용서를 누가 돈을 내고 사서 읽어 줄까?"

글을 쓰고 싶은 욕심에 좋아하는 주제를 선택해서 썼지만, 아직까지 남들이 인정해 줄 만한 업적이 없다는 사실에 점점 글쓰기에 자신감을 잃어 갔고, 글을 한자도 쓰지 못하는 날이 늘어 갔다. 객관적인 성공을 이루지 못하고 쓰는 실용서는 마치 뚱뚱한 사람이 이론만 무장한 채 직접 해 보지도 않은 다이어트 책을 쓰는 것과 같다는 생각이 들었다. 이런 생각을 하게 되자 나는 더이상 글을 쓸 동력을 잃어버렸다.

'아! 글쓰기는 아무나 하는 것이 아니구나.'라는 생각에 꿈을 접어야만 했다. 그러나 다시 책을 읽는 동안 '나도 글을 쓰고 싶다.'라는 욕망을 완전히 떨칠 수는 없었다. 다시 책을 만나러 갔고, 기본기부터 다지기 위해 글쓰기 관련 책과 강의를 들었다. 특히 김태광 작가의 '유명해서 책 쓰는 게 아니라 유명해지기 위해 책 쓰는 것'이라는 말에 큰 용기를 얻었다. 나와 같은 일반인도 책을 쓸 수 있다는 희망의 메시지였다. 이런 시각으로 세상을 보니 정말 유명한 사람들이 원래 유명한 것이 아니라 책을 통해 유명해졌다는 생각이 들기 시작했다. 예를 들면 매년 동일 주제로 베스트셀러를 내는 『트렌드 코리아』의 저자 김난도 교수도 책을 내서 유명해진 것이었다. 솔직히 우리나라에 경제학 교수는 많지만, 누구나 이름을 기억하는 경제학 교수는 김난도 교수가 유일할 것이다. 김난도 교수가 책을 내지 않았다면 그의 강의를 듣는 학생들 외에는 아무도 그의 이름을 기억하지 못할 것이다.

그리고 지금은 너무나도 유명해진 백종원 대표도 책을 통해 자신의 삶을 개척했다. 그는 지금처럼 유명해지기 전에 이미 요식업과 식당에 관한 많은 책을 냈다. 이 책들은 그의 사업을 더욱 번창하게 했으며 급기야 연예인보다 더 많은 프로그램에 출연할 수 있는 오늘날의 그를 만들어 주었다. 그리고 이는 다시 그의 요식 사업을 번창하게 만드는 홍보 효과를 내고 있다. 백종원 대표도 책으로 발판을 만들지 않았다면 지금과 같은 성공을 거두지 못했을 것이다.

한국 사람이라면 누구나 집 안에 김치를 가지고 있듯 사람들은 누구나 자신만의 이야기를 가슴 속에 품고 있다. 문제는 이것을 어떻게 맛있게 하는냐 것이다. 좋은 글을 쓰기 위해선 제일 먼저 '평범함을 특별함으로 바꾸는 능력'이 필요하다. 예를 들어. '라면'은 누구나 먹는 평범한 음식에 속한다. 하지만 누군가 라면에 대한 독특한 취향을 글로 쓴다면, 글 속의 라면은 이제 특별한 존재로 탈바꿈한 것이다. 라면을 맛있게 끓이는 독특한 레시피부터 라면에 대한 자신만의 시각과 철학을 표현할 수 있다면 얼마든지 멋진 글이 탄생할 수 있다는 뜻이다.

당신이 글을 쓰고자 한다면 내 주변에 뭐가 있는지부터 살펴보도록 하자. 유독 다육식물이 눈에 띈다면 '내 사랑 다육이!'와 같은 글을 쓸 수 있고, 집안 곳곳에 담금주가 있다면 '우리 집 술맛.'에 관한 글을 쓸 수도 있다. 하지만, 중요한 건 글에 자신만의 생각과 시선이 담겨 있어야 한다는 사실이다. 당신이 쓰고자 하는 글은 에세이지 백과사전은 절대로 아니기 때문이다. 한 가지를 더 보태자면 마지막에는 라면의 '미래'까지 다루는 게 좋다. 다시 말해 라면을 먹게 된 과거부터, 라면을 먹고 있는 현재와 앞으로 먹게 되는 라면까지 그려 넣자는 뜻이다. 소재에 대한 과거와 현재를 포함해 미래까지 다룰 수 있다면, 글의 완성도를 높일 수 있을 뿐만 아니라 자신의 철학까지 글 안에 담을 수 있다. 그렇게 세상의 하나뿐인 라면 이야기를 쓸 수 있다면 당신은 이미 괜찮은 글 한 편을 완성하는 셈이다.

2.

플랫폼을 활용하여
강제성을 만들어라

글쓰기를 시작하는 동기는 우리나라 퍼스널컬러 이론과 고객 진단 후 잊어버리지 않고 내용을 정리하기 위해 어디에 작성하면 좋을까 고민을 하고 있던 찰나 내 눈에 들어온 게 바로 '블로그'였다. 시간과 공간을 초월함은 물론 하드가 망가져도 괜찮고 언제 어디서나 접속할 수 있는 블로그는 그야말로 완벽한 업무 일지였다. 다양한 형태의 SNS 채널이 유행처럼 나타나고 사라지기를 반복하는 이 시대에 가장 안정적으로 운영된 플랫폼이며 사전에 따르면 블로그란, '개인이 각 취향에 따라 자유롭게 웹에 올릴 수 있는 공간'으로 정의된다. 하지만 셀 수 없이 많은 정보와 의견이 오가는 공간인 만큼 블로그의 가치나 위력은 어마어마하다. 생각 없이 블로그에 올린 글 하나로 실직을 당한 이들도 있고 저렴한 블로그 광고 덕분에 엄청난 매출 신장을 경험한 사업주들도 있다는 사실을 나는 한참 뒤에야 알게 되었다. 그런데 블로그를 시작하면서 또 다른 문제가 생겼다. 바로 사람들이 다르듯 내 눈에 비친 블로그 역시 천차만별이었다. 동종업계 블로그 들은 럭셔리한 디자인에 온갖 정보를 갖춘 최고급 빌딩처럼 보였고 그에 비해 몇 시간 만에 얼렁뚱땅 만들어 낸 나의 블로그는 금방이라도 쓰러질 듯한 오두막과 다르지 않았다.

그래도 나는 나만의 공간과 사무실을 갖게 된 것이 무척이나 좋았고 더 열심히 고객들을 나의 블로그로 유입시켜야 한다는 생각이 들어 키워드마케팅 강의도 듣고 적용하여 꾸준히 활동을 하다 보니, 단순한 창고였던 나의 블로그는 글쓰기를 위한 최적의 플랫폼으로 변화해 나갔고 점차적으로 고객들 문의가 들어오기 시작했다.

그리고 감사하게도 소규모 유튜브 업체에서도 촬영하자는 의뢰까지 들어오게 되는 것을 보면서 블로그의 인기를 실감하는 순간이기도 했다. 그러니 글을 쓰고 싶다면 우선 블로그를 만들어 보자. 비록 처음에는 오두막일지 몰라도 자신만의 세계를 구축한 뒤 차례차례 글을 쌓아 나가자. 늘어나는 글에 맞춰 하나둘씩 모여드는 이웃들과 소통하다 보면 길이 열리고 답이 보일 때가 생긴다. 반면 공감은 이웃들에 대한 감사와 사랑의 표시임을 꿈에서라도 잊지 말자.

두 번째로 글을 쓰게 된 곳은 '브런치 스토리'이며, 줄여서 브런치라고 한다. 내가 처음 들었던 것은 2023년 5월 아는 작가님 시크릿 미팅을 통해 알게 되었고 블로그밖에 모르던 나를 브런치 세계로 알게 해준 이후 그 매력에 푹 빠져 버렸다. 고급스러운 포맷에 다양하고 수준 있는 글들이 나를 향해 손짓하는 것만 같았기 때문이다. 브런치는 확실히 글 쓰는 사람들에게 로망의 대상이다. 그렇기 때문에 브런치 작가로 만들어 주겠다는 광고가 넘쳐나고 '장수와 n 수'까지 해 가며 도전하는 걸 보면 뭔가 있다는 이야기다.

도대체 브런치의 인기 비결은 뭘까? 실패를 무릅쓰면서도 사람들은 왜 브런치 작가가 되고 싶어 할까. 우선 브런치는 2015년 서비스를 시작한 카카오의 블로그다. 누구나 가입할 수 있지만, 콘텐츠를 발행하려면 작가 신청을 한 후 승인을 받아야만 한다. 당연한 이야기지만 브런치 작가라고 해서 자기 가료를 받거나 당장 출간 제의를 받는 것은 아니다. 브런치는 '출간을 꿈꾸는 예비 작가들이 다닥다닥 모여 글쓰기에 몰두하는 일종의 거대한 작업실'인 셈이다. 다행이라면 월세 걱정 없이 브런치에서 제공하는 플랫폼을 맘껏 쓸 수 있다는 정도가 아닐까 싶다.

그리고 내가 본 브런치는 우리나라를 축소한 사회였다. 그곳에는 한 번도 만나지 못한 다양한 사람들의 이야기가 담겨 있었다. 간호사나 백수, 여행가, 요리사 등 한데 모여 자신의 삶과 일상을 그려 냈고 세상에 이처럼 다양한 사람들이 자신의 세계를 펼쳐 내고 있다는 사실이 그저 놀라울 따름이었다. 독자로서 브런치의 폭넓은 세계를 만끽한 나는 작가로 돌아와 글 쓰는 플랫폼으로서의 브런치를 구석구석 살피기 시작했다.

우선 브런치는 여러 포맷으로 글을 작성할 수 있다. 완성한 글을 임시 저장하는 '작가의 서랍'과 주제를 선택해 글을 쌓아 둘 수 있는 '매거진', 완성된 글을 출간 형태로 묶은 '브런치북'처럼 작가의 의도대로 글을 발행할 수 있다. 브런치의 또 다른 매력은 수정과 편집이 쉽고 언제 어디에서나 편리하다는 점이다. 작가들 대부분은 글은 컴퓨터로 쓰는 반면, 수정은 모바일로 한다는 점을 간파한 브런치는 휴대폰으로도 맞춤법 검사와 수정을 쉽게 할 수 있도록 설계되어 있다.

브런치 작가가 되면 첫 번째로는 자신의 관심사에 대해 깊이 있게 생각할 수 있고 탐구할 기회를 얻게 된다. 작가로서 주제에 대해 고민하고 연구하며 지식을 쌓아 가는 과정에서 성장의 길, 소통의 길이 열리게 되는 것이며 또한 브런치 작가로서 생각과 이야기를 구독자들에게 글로 전달하여 감동과 영감을 불러일으킬 수 있으며 그리고 나만이 가진 유일무이한 경험과 아이디어를 통해 구독자들에게 긍정적인 영향력을 발휘할 수 있다.

두 번째로는 꾸준한 글쓰기 습관이 가능해진다. 꾸준한 글쓰기 습관은 이야기의 구조와 문장 구성 등 글쓰기 능력을 단련하고 발전시킬 수 있게 되며 창의력과 표현력을 발전시키는 아주 좋은 방법이다. 그리고 이를 통해 글쓰기라는 도구를 더욱 능숙하게 활용할 수 있게 '글쓰기 대회 (봄에는 백일장을 그리고 독서의 계절인 가을에는 독후감)나 TVN 방송국에서 진행하는 드라마 작가 공모전 〈오펜〉 그리고 신간 도서를 서평해 주는 서평단 등에 활용할 수 있을 것이다.

마지막으로는 개인적인 만족감과 성취감을 얻을 수 있다. 자신의 이야기를 글로 만든 후 구독자에게 전달하는 과정에서 성취감과 만족감을 얻을 수 있으며, 내 글이 독자에게 공감을 받고 그들의 삶에 작지만 긍정적인 영향을 주는 경험은 작가로서 새로운 동기부여 요소가 된다. 따라서 브런치 스토리 작가가 된다는 것은 자신의 이야기를 통해 구독자들에게 감동을 주고 영향력을 발휘하는 과정이다.

물론 브런치가 좋은 점만 가진 것은 아니다. 등단이 글쓰기의 기본기를 본다면 브런치는 콘텐츠를 우선으로 본다. 즉, 자신만의 콘텐츠가 있다면 글이 좀 부족해도 작가로서의 가능성을 열어 두겠다는 것이다. 사실 브런치의 문턱이 높아진 건 글 쓰는 사람들이 많아졌다는 증거일 뿐 평가 기준이 높아진 건 아니다. 바꿔 말하면, 쓰고 싶은 글이 있다는 점을 어필하면 생각보다 쉽게 문턱을 넘어설 수 있다는 뜻이다. 몇 명 작가들은 브런치가 아무나 접근할 수 없다는 점에서 명품이라 생각한다, 하지만 내가 겪은 브런치는 정말 글 쓰고 싶은 사람들만 받기 위해 '잡상인 출입 금지!!!'를 내걸었을 뿐 명품과 거리가 멀었다.

그런데도 예비 작가들에게 브런치는 여전히 매력적으로만 비칠 뿐이다. 글쓰기 플랫폼이나 출간 도우미로 볼 때, 브런치만큼 작가들에게 이상적인 공간도 없기 때문이다. 그러니 예비작가들이여, 장수와 n수를 하더라도 브런치 도전을 멈추지 말지어다. 출간의 길은 열려 있나니, 당신만의 속도로 매거진에 글을 더해 가다 보면 다음과 같은 메시지를 받게 될 것이다.

"브런치 작가가 되신 것을 진심으로 축하드립니다."

이 가슴 떨리는 메시지야말로 내일 당장 우리가 브런치 글쓰기에 도전해야 하는 이유이다.

3.

글쓰기를 하면
삶이 정리된다

어느 저녁, 오랜만에 식탁에 앉아 글을 써 보려 하는데 내 남동생이 틀어 놓은 유튜브 볼륨이 내 귀를 어지러우며 그나마 클래식이면 참아 보려고 했지만 정말 싫어하는 공포 이야기를 틀어놓는 바람에 글쓰기는커녕 혼마저 이탈할 지경이었다. 결국, 나는 남동생에게 소리쳤다.

"야, 조용히 좀 해 줄 수 없어, 나 글 쓴단 말이야."

"나도 회사 퇴근해서 쉬고 있는데, 누나가 서재 들어가서 쓰면 되잖아."

"서재 들어가면 집중이 안 되어서 여기서 쓰는 건데, 용돈 줄 테니깐 방에 들어가서 보면 안 될까?"

"용돈 준다고 오케이, 방 들어간다."

역시나 '용돈'의 힘은 위대했다. 나의 글쓰기는 내용 정리가 아닌 상업적이고 세속적인 이유로 시작되었다. 우리나라 퍼스널컬러 기관 수료 후 진단 연습과 데이터를 모으기 위해 고민하던 중 우리 동네 중고 거래 플랫폼인 '당근'을 보았고 홍보를 하기 위해 글을 쓰기 시작했다. '당근'으로 거래를 통해 고객을 받고, 진단 후 내용을 잊지 않기 위해 당일 끝난 다음 날 차분히 도서관 노트북 석에 앉아 발송할 고객 진단카드를 만들고 데이터를 정리한 후 블로그에 오늘 진단한 고객의 특징 및 결과를 간단히 정리하고 글을 올렸다.

그리고 가만히 앉아 글 정리에 대한 좋은 점을 생각을 해 보니 첫 번째는 언제 어디에서든지 원하는 것을 편리하게 찾을 수 있다는 점이다. 고객 관련 데이터를 찾을 때 예전에는 종이를 뒤적이며 번거롭게 찾았지만, 지금은 엑셀 데이터로 언제 어디에서든지 노트북 또는 핸드폰만 있으면 검색해서 편리하게 찾을 수 있기 때문이다.

마지막으로는 자료의 분실과 훼손의 우려에서 벗어날 수 있다는 점이다. 책을 쓰기 위한 자료를 모을 때 노트로도 할 수 있으나 대신 분실과 훼손될 우려가 있었다. 하지만 노트북으로 자료를 모으고 글을 작성할 수 있으므로 천재지변이 일어나지 않는 한 분실과 훼손의 우려에서 벗어날 수 있다.

실제로 나는 글을 쓸 때 예전에 블로그나 브런치에 올렸던 글을 참고하는 편이다. 글을 쓰면서 유사한 내용이 있으면 블로그에서 예전에 썼던 내용을 찾아서 읽어 보고 첨삭한 글에 넣으며, 불필요한 부분을 정리하고 추가로 필요한 내용은 자료를 보강하여 글을 쓰면 아무것도 없는 상태에서 글을 쓰는 것보다 훨씬 큰 도움이 된다.

다행히 열심히 정리하고 올린 덕분에 고객에게 예약을 받고 첫 진단비를 곧바로 입금해 주었고 그때의 기쁨이란 이루 말할 수조차 없었다. 그동안 책 사느라 돈만 썼던 내가 글로 돈을 벌어보긴 그때가 처음이었다.

물론 처음부터 '정리 있는 글쓰기'가 가능한 건 아니다. 당연히 연습과 훈련이 필요하며 지금까지 독서록과 글을 꾸준히 정리해 써 왔다면 다음 단계로 '목적 있는 글쓰기'로 책 서평 또는 독후감 대회에 도전해 보는 건 어떨까 한다. 그렇게 당신의 서랍에 '소정의 서평료' 또는 대회비 그리고 필력이 쌓여 간다면, 당신은 '정리 있는 글쓰기'에서 '목적 있는 글쓰기'로 이미 문턱을 넘어선 것이다. 정리 있는 글쓰기를 위해 함께 사용하면 도움이 되는 애플리케이션을 소개할까 한다.

1. 휴대폰 글쓰기는 에버노트

에버노트는 글쓰기에서 핵심적인 애플리케이션이다. 사용료를 내지 않는 베이직 버전도 2개 기기에서 무료로 연결할 수 있다. 따라서 휴대성이 좋은 휴대폰을 이용해 글을 쓰고 다시 노트북으로 접속하여 정리할 수 있는 장점 있다. 그리고 3개 이상의 기기에 동기화하여 사용하고 싶으면 그때 프리미엄 서비스를 이용하면 된다. 에버노트 외에도 요즘에는 클라우드 저장 방식의 서비스를 제공하는 많은 메모 및 정리 애플리케이션이 여럿 있으므로 본인에게 편한 애플리케이션을 사용하면 된다. 그러나 가능하면 망해서 없어지지 않을 것 같은 회사의 프로그램을 사용하길 권한다. 그 이유는 기껏 열심히 모으고 정리했는데 회사가 망해 더는 서비스를 제공하지 않게 되면 그동안 열심히 작성하고 모은 자료를 잃어버릴 위험이 있기 때문이다.

2. 도표와 그림을 그릴 수 있는 MS 오피스 프로그램

도표와 도식을 넣거나 독자들의 이해를 돕기 위해 그림을 그려야 할 때도 있다. 다행히 대부분 사람이 MS 오피스 프로그램 정도는 사용할 수 있으며, 엑셀이나 파워포인트를 활용하면 대부분 도표 및 도식을 그릴 수 있다. 요즘은 내 글을 써서 책을 내고 싶은 사람들이 많으므로 이런 작업도 신경 쓴다면 좀 더 완성도 높고 차별화된 책을 쓸 수 있을 것이다.

3. 자료이동 쉬운 드롭박스(DropBox)

책을 쓰다 보면 글만 쓰는 경우도 있지만, 사진이나 도표 등이 포함되는 경우도 있다. 이런 자료를 한곳에 모아 다시 다른 기기에 다운로드할 수 있게 도와주는 애플리케이션이 필요하다. 나는 2GB 이상의 무료 저장 공간을 제공하는 드롭박스를 사용하고 있다. 에버노트와 기능이 비슷해 보이지만 에버노트의 핵심 기능은 메모이며 드롭박스의 핵심 기능은 자료의 저장과 이동이다.

위 3가지 애플리케이션을 잘 활용하여 '정리 있는 글'을 작성해 보길 바란다.

4.

글을 쓰기 시작하면
달라지는 것들

도서관 건너편에 내가 자주 가는 식당이 있다. 스테이크와 파스타로 유명한 식당인데 그 중 크림 베이컨 파스타가 일품인 데다가 가게 분위기가 좋아 평일에도 문전성시를 이루는 곳이다. 나는 아는 동생과 처음 맛본 크림베이컨 파스타는 내게 맛의 신세계를 보여 주었으며, 마늘 향과 베이컨이 어울려 기분 좋은 만남을 즐기던 중, 9900원짜리 크림 베이컨 파스타와 내가 쓰는 글 중 더 많은 가치는 어느 쪽일까? 생각을 해 보게 되었다. 바꿔 말해 파스타 한 접시의 가치만큼을 독자에게 돌려주어야 한다는 의미인데 과연 책이 지닌 가치란 무엇일까? 나는 책이 소통의 창구라고 생각한다.

많은 사람이 다른 장소와 시간대의 사람들과 의견을 공유하고 새로운 정보를 습득하기 위해 책을 읽는다. 이는 작가가 독자들에게 새로운 시각과 정보를 전달해야 하는 이유로 이어진다. 『문명과 지식의 진화사』의 저자 니콜 하워드 가는 책에 대해 말하길 "어떤 테크놀로지도 인류 역사에 이만큼 지대한 영향을 미치지는 못한다."라고 말했다.

또한, 책은 오랜 시간 세계 문명을 장악하며 인간의 사상과 철학, 지식과 정보를 전달해 왔다. 이를 통해 디지털과 유무선 통신의 발달은 누구나 작가가 될 수 있게 만들어 주고 출간의 기회 역시 급격히 늘고 있으며 이제 글을 쓰는 사람이면 누구나 출간을 꿈꾸는 세상이 된 것이다. 나 역시 글을 쓰면서 출간을 꿈꾸게 되었고 출간을 준비하면서 솔직히 일주일에 한 편의 글을 완성하는 일은 생각보다 훨씬 어려웠다. 소재를 이미 정했다고 해도 흥미로운 전개를 위해선 다양한 글감이 필요했다.

소재와 딱 떨어지는 에피소드가 있다면 글쓰기가 훨씬 순조로웠겠지만, 대부분은 그렇지 못했다. 글감을 찾을 수 없을 때의 괴로움은 당해 보지 않은 사람은 절대로 모른다. 아침에 눈을 뜨는 순간부터 잠자리에 들 때까지 고민하고 또 고민해도 글감이 떠오르지 않아 우울증에 걸리기도 했다. 그럴 때마다 나는 여기저기 서점을 돌아다니며 관련된 책을 읽으며 출간의 생각을 대신 결정해 줄 나만의 저울을 만들게 되었다. 바로 두 개의 동그란 접시가 달린 수평 저울이며, 사용 방법은 어렵지 않았다.

우선, 한쪽에는 고요한 작업실 와 다른 한족에는 향긋한 음식 냄새가 풍기는 식탁이 놓여 있다. 바로 그곳에 내가 쓴 원고와 크림 베이컨 파스타 한 접시가 놓여 있다. 출간을 바라보는 수평 저울은 서로를 완벽하게 보완하고 있다. 즉 파스타 한 접시가 주는 포만감과 행복에 비교해서 그만큼의 재미와 유익함을 줄 수 있다면 당장 출간에 나가도 좋다는 뜻이다. 출간을 꿈꾸는 여러분들도 이 멋진 저울을 사용해 보면 어떨까 한다. 물론 고소한 향을 품기는 크림 베이컨 파스타와 겨루는 일은 절대로 쉽지 않을 것이다.

　그리고 글을 쓰면서 불가능을 가능하게 만드는 루틴의 힘을 얻었다. 컨디션이 좋을 때나 안 좋을 때나 매일매일 도서관으로 출근하여 글을 쓰면서 생각을 연결해 갔다. 이렇게 매일 글을 쓰기 위해서는 자신만의 루틴을 만들어 시간을 확보해야 한다. 베스트셀러 작가이자, 다작으로 유명한 무라카미 하루키는 글을 쓸 때 매일 새벽 4시에 일어나 하루에 5시간씩 규칙적으로 쓴다고 한다. 꼭 아침일 필요는 없지만 매일 반복해서 글을 쓰는 루틴은 필요하다. 물론 우리는 전업 작가가 아니므로 하루에 4~5시간씩 써야 한다는 부담을 가질 필요는 없다. 글이 정말로 쓰기 싫은 날에는 평소에 읽고 싶었으나 못 읽었던 독서를 해도 무방하다. 나는 글을 쓰기 위한 나의 하루 루틴은 다음과 같이 잡았다.

▶ **7:00** 기상
▶ **7:00～7:30** 요가 및 아침 식사

- ▶ 7:40〜8:30 도서관 갈 준비
- ▶ 8:40〜09:10 지하철에서 글쓰기

이렇게 지하철로 도서관을 가면서 휴대폰으로 글을 썼다. 누군가는 '어떻게 그런 환경에서 글이 써지냐'고 반문할 수 있겠지만 지하철에서 들리는 소음은 나름 백색 소음 같고 글쓰기에 집중하다 보면 소음은 문제가 되지 않았다. 이렇게 오전에 글을 쓰고 시간이 날 때마다 도서관에서 글을 읽으며 내용을 수정했다. 퇴고 시간을 줄이기 위해 틈틈이 수정 작업을 했다.

또 책을 쓰기 위해서는 많은 참고 도서가 필요하다. 참고 도서의 목적은 경쟁도서 분석을 통해 내가 쓰는 책의 차별화 포인트를 찾는 데도 있지만 내가 쓰는 책의 내용을 발전시키고 검증하는 데 필요하다. 해당 분야의 배경지식이 많은 사람이 좋은 글을 쓸 수밖에 없다. 이런 목적으로 나는 퇴근하기 전에 도서관에 책을 빌려 내가 쓰고 싶은 내용의 지식을 보충하고 검증했다. 당시 도서관 나온 후, 나의 루틴은 다음과 같다.

- ▶ 16:00〜17:00 책 대여 및 참고 도서 읽기
- ▶ 17:00〜19:00 집 안 청소 및 저녁 준비하기
- ▶ 19:00〜20:00 저녁 식사
- ▶ 20:00〜22:00 글 정리

이렇게 도서관으로 가고 오고 하는 시간을 이용해 쓴 글은 저녁에 집에
와서 노트북을 이용해 다시 정리했다. 그래도 부족한 부분과 추가 자료 수
집은 주말 시간을 이용하여 진행했다.

내가 만든 루틴이 정답은 아니다. 모두 생활방식이 다르기 때문에 각자
자신의 상황에 맞는 루틴을 찾으면 된다. 그리고 책 쓰기는 컨디션이 좋든
안 좋든 매일 해야 성공할 수 있다. 여기에 나만의 루틴 힘을 빌리면 좀 더
수월하게 완료할 수 있다.

『루틴의 힘』의 저자 댄 애리얼리는 "진척 상황을 눈으로 확인하면 좀 더
목표에 집중할 수 있다."라고 말하고 있다. 우리도 '루틴의 힘'으로 좀 더 목
표에 집중할 수 있도록 지금 바로 시작하자!!! Right Now!!!

5.

글쓰기가 가져온
또 다른 습관

　책을 써서 영국의 엘리자베스 여왕보다 더 큰 부를 이룬 사람이 있다. 바로 '해리포터' 시리즈의 작가 J.K.롤링이다. 롤링은 책을 쓸 공간이 따로 없어 대부분의 글을 카페에서 썼다고 한다. 나도 책을 쓸 때 이런 공간을 찾기 위해, 내가 편하게 갈 수 있는 도서관을 찾았다. 요즘 스터디 카페도 많지만, 시간당 돈을 내야 하는 부담이 있으므로 근처 카페나 도서관도 없고 스터디카페에만 있다면 가는 것도 도움이 될 것 같다.

　나는 법정 휴무일 때만 카페에 가고 대부분에 시간은 도서관에서 글을 쓰면서 보낸다. 옛날에는 노트북을 할 수 있는 좌석이 없어 대부분 책만 보았다면 현재에는 노트북 좌석이 마련되어 있어 시간에 구애받지 않고 글을 쓰는데 몰두할 수 있다. 단 지역 도서관마다 시간제한 있을 수 있기 때문에 이 점 참고하길 바란다.

글을 쓰기 위한 자료를 찾던 중 남편이랑 집에서 MBC〈나 혼자 산다〉예능을 보게 되었다. '대니구'라는 바이올리니스트가 나왔는데 놀라운 점은 루틴이 항상 매일 있다는 것이었다. 일과를 따라가 보니 매일 운동을 1시간씩 하였다고 한다. 그런데, 놀라운 것은 9년 동안 체형변화가 거의 없었다는 점이다. 12시까지 점심 식사 후 집에 와서 하루에 4~5시간 바이올린 연습을 기초부터(1시간 연습) 연주곡까지 끊임없이 하는 것이 루틴이라고 한다.

"루틴이 없으면 모래 위에 집을 짓는 것, 빨리빨리 열심히 하는 것이 내 선에서 최선을 다하는 것!"이라고 말을 하는 대니 구를 보면서 도서관을 매일매일 오는 루틴을 하면서 힘들다고 안 하고 싶은 유혹이 들기도 했다. 하지만, TV를 보면서 자기만의 루틴을 즐기고 있고 열심히 사는 대니 구의 프로페셔널한 모습에 나 자신을 반성하게 되었다.

나는 여유롭게 커피 한잔 마시면서 글을 쓸 수 있는 도서관이 좋다. 이런 작은 사치는 글을 쓰는 나에게 주는 선물이다. 글을 쓰기 위해서는 많은 인내가 필요하며 때로는 지인이나 남편과 시원한 맥주를 한잔하고 싶은 유혹을 뿌리쳐야 하므로 틈틈이 자신에게 이런 보상을 해줘야 한다. 그리고 나만의 글쓰기 공간인 도서관을 고르는 데도 몇 가지 팁이 있다. 개인 성향의 차이가 있기 때문에 아래의 2가지 참고하여 여러분만의 방법을 찾아보길 권한다.

1. 집 근처에 있는 도서관을 찾아라.

글을 쓰다 보면 그날 컨디션이 좋아 늦게까지 쓰게 되기도 한다. 이때 만약 집에서 먼 카페(도서관이라면)라면 시간이 갈수록 집에 가야 한다는 생각에 부담이 생기며 마음이 급해진다. 그래서 언제든 편하게 귀가할 수 있는 집 근처 도서관이 마음이 편하다.

2. 편한 공간이 있는 도서관을 찾아라.

마음이 편해야 글이 잘 써진다. 편안한 공간이 있어야 마음이 편하고 안정감이 들기 때문이다. 그리고 전자기기를 많이 쓰기 때문에 전원 케이블이 있는 장소를 골라야 한다. 그래서 나는 심리적 안정감을 느끼기 위해 노트북 석에 있는 구석 자리를 선호한다. 글쓰기는 때론 외로운 작업이다. 그래서 나는 소음이 있는 카페보단 조용한 공간인 도서관을 선호한다. 솔직히'편한 공간'의 정의는 개인마다 다르고 정답은 없다. 그렇기 때문에 여러분들은 주변 여러 카페나 도서관도 다녀보고 분위기나 공간이 자신과 잘 맞는 나만의 아지트를 찾으면 된다.

나의 또 다른 습관은 바로 남편과 함께하는 주말 책 사냥이다. 독서를 본격적으로 시작하고 특히 글을 쓰기 시작하면서 좋은 책을 더 많이 구하고 싶은 열망이 높아졌다. 수시로 대형서점에 가고 도서관에 들르고 중고서점에 다니다가 마음에 드는 책을 발견하면 보물이라도 찾은 듯 그렇게 행복할 수가 없었다. 문제는 이렇게 다니다 보니 남편과 함께할 시간이 상대적으로 너무 없었다.

그래서 주말에는 남편과 함께 책 사냥을 다니기로 했다. 이렇게 책을 찾아다니고 읽는 이유는, 책을 쓰려면 일단 책을 많이 읽어야 하기 때문이다. 화가는 그림을 잘 그리기 위해 습작을 하고 가수는 다른 사람들의 노래를 부르며 연습을 한다. 그리고 일정 수준에 도달하면 자신만의 화풍 자신만의 창법을 만들게 되는 것이다. 글도 마찬가지다. 다른 좋은 작가들의 책을 많이 읽어 봐야 좋은 글을 쓸 수 있다. 맛있는 음식을 먹어봐야 맛있는 요리를 할 수 있는 이치와도 같다. 또 읽고 싶은 책은 그날 사서 바로 읽어야 내용이 더 잘 들어온다. 먹고 싶은 음식도 그날 생각났을 때 먹어야 하듯이 책도 읽고 싶을 때 바로 읽어야 효과가 더 좋을 것 같다. 그리고 책을 현장에서 구매할 수 있는 곳은 대형서점 외에 중고서점도 있다. 구매가 부담스러우면 대여를 할 수 있는 도서관도 있다. 각각 장단점이 있으니 너무 한 곳만 고집하지 말고 여러 곳을 다니면서 책 사냥을 하는 것을 추천한다.

두 가지 습관(매일매일 도서관 가고, 주말마다 책을 보러 다니는 루틴)을 하면서 힘들었던 점은 매일 글을 꾸준히 해야 한다는 것이 생각보다 훨씬 어려웠고 특히 연재 브런치 글을 완성하는 일은 생각보다 많이 어려웠다. 소재를 미리 정한 상태여도 흥미로운 전개를 위해 다양한 글감이 필요했다. 대다수는 소재에 완벽히 부합하는 에피소드가 없었다. 또한, 글감을 찾을 수 없을 때의 괴로움은 경험하지 않은 사람은 이해할 수 없다. 그래서 나는 아침부터 밤까지 고민하고 또 고민해도 생각이 안 나서 우울증이 오기도 했다. 그럴 때마다 2가지 행동을 통해 벗어날 수 있었다.

첫 번째는 서점이나 도서관을 돌며 관련 자료를 찾아다녔으며 주로 소재와 관련된 신문 기사나 책을 읽었다. 그것으로도 모자라면 인터넷의 넓은 바다를 헤매거나 영화를 보기도 했다.

두 번째는 산책하기였다. 산책은 나에게 글감과 영감을 주었지만, 변화 감지와 심신정화의 목적은 아니었다. 산책을 나서기 전 글 주제를 떠올리며 걷고 주제와 관련된 사실을 생각해 글을 완성한 뒤 집에 돌아왔다. 그렇게 하루도 거르지 않았던 산책 덕분에 매주 토, 일요일마다 브런치에 글을 연재할 수 있었다. 비록 아무도 신경을 쓰지 않았지만 나와의 약속을 지키기 위해 최선을 다했다.

글쓰기가 가져온 또 다른 습관인 매일 도서관으로 출근과 주말마다 서점으로 책 사냥을 통해 몸의 건강 그리고 글감의 풍부함 마지막으로 세상의 지식을 쌓아 가는 재미를 얻을 수 있었다. 여러분 또한 각자 자기만의 습관을 만들어 보고 실행하면 어떨까 한다.

6.

오늘부터 시작하는
1일 1 글쓰기

글을 쓰기 위해서는 사실 많은 인내와 끈기가 요구된다. 어떠한 계기로 글쓰기를 시작했다 하더라도 스스로 동기 부여를 지속하여 마무리하기란 쉽지 않다. 현업에 쫓기고 집에서 일어나는 일을 이것저것 처리하다 보면 글을 쓰는 시간을 확보하기 어렵다. 시간이 있어도 마음의 여유를 갖기는 쉽지 않다. 경험상 글쓰기를 포기하는 과정은 다음과 같다. 독한 마음으로 글쓰기를 시작해 시간이 날 때마다 최선을 다해서 쓰지만 결국 글이 정리되지 않고 현실의 우선순위에 밀려 조금씩 글 쓰는 횟수가 급기야 잊히고 만다.

글쓰기를 꾸준히 하기 위해서는 글을 쓰는 이유가 명확해야 하고 스스로 동기 부여가 되어야 한다. 내가 제시하는 것은 바로 독서와 필사다. 나는 책을 읽고 감명 깊은 구절이나 일에 적용해 볼 만한 것들이 있으면 작은 수첩을 꺼내 손으로 직접 문구를 따라 적는다. 그리고 필사한 내용을 사진으로 찍어 내 개인 SNS에 올린다. 습관을 들이기 위해 이 과정을 매일매일 빠짐없이 하고 있다. 그러나 집에 일이 있거나 글을 쓰다가 슬럼프가 올 때가 있었다. 그럴 때마다 나에게 멘토 같은 출판사 대표님을 떠 올린다. 그분은 번역출판 회사를 10년 이상 운영을 하면서 어려움과 개인 병도 가지고 있었지만, 현재 어려움 둘 다 극복하고 SNS에서 활발하게 활동하고 계시고 출판 세계에서 독보적인 위치를 다지고 계시는 사업가이자 작가이다.

그럼 그분도 늘 한결같이 해 온 루틴이 있었다. 바로 필사다. 독서한 것을 줄을 긋거나 아니면 좋은 철학 명언이 있다면 필사했다가 개인 SNS를 하루도 빠짐없이 하고 계신다. 내가 그동안 SNS 봐왔던 대표님의 포스팅은 독서 필사의 1일 1 게시글이었다. 나는 굳이 노트가 아닌 SNS에 기록하는 이유가 무엇인지 궁금하여 그분의 일상을 관찰하기로 했다.

1. 새벽 독서하면서 내용 필사하기
2. 그날 만났던 사람들과 활동한 모습 사진 촬영하기
3. 새벽 독서 필사한 내용 엮어서 매일 일기 작성하기

대표님은 매일 새벽에 독서하면서 내용 필사하고, 그날 만났던 사람들과 활동한 모습을 사진으로 남기고 집에 돌아와 식사 후 새벽에 독서 필사한 내용과 엮어서 매일 일기로 글을 완성한다. 어떠한 일이 있어도 글 쓰는 것을 놓치지 않고 있다는 대표님의 말이 내 머릿속에 각인이 되었다. 그리고 대표님을 만나고 이야기를 했다.

"저도 대표님처럼 다양하게 책도 읽어 보고 필사를 하면서 글을 쓰고 싶습니다." 그러자 대표님께서는 "책을 가까이하는 습관을 지니고만 있어도 하고자 하는 일에 어려움이 없을 거야."라며 응원을 해 줬다. 성공하는 사람들이 가진 내면의 단단함의 비결은 바로 필사라는 걸 알게 되었다.

블로그나 브런치에 글을 쓰는 것도 글쓰기 습관을 들이기에 도움이 되며 실시간으로 피드백을 받을 수 있다. 블로그에 글을 쓰는 목적은 기록도 있지만 내 글을 읽는 사람들과의 소통도 있다. 책을 내기 전 여러 사람에게 내 글을 검증을 받을 수 있고 잘못 알고 있는 부분에 대해 수정할 기회도 된다. 부정적인 피드백으로 상처를 받을 때도 있지만 이는 실수를 발견하지 못해 책이 출간된 후 독자들로부터 받는 비난보다는 덜 아프다고 생각한다. 실제로 블로그에 올려서 부정적인 피드백 혹은 내용이 잘못되었다는 피드백을 받는 경우가 있다. 이런 때는 내가 쓴 내용을 다시 한번 살펴 댓글에서 말하는 부분을 검증 및 수정하곤 한다. 이런 과정을 거치면 조금 더 완성도 높은 글을 쓸 수 있다.

그리고, 독자의 반응을 예상할 수 있다. 블로그나 브런치에 글을 써 보면 어떤 글은 사람들의 관심이 높고 어떤 글은 관심이 없는 것을 알 수 있다. 독자들의 반응으로 글의 방향을 수정하고 보완하는 데 도움이 된다. 마지막으로 출간으로 연결될 수 있다.

최근에는 원고 투고를 하지 않고 블로그나 브런치를 통해서 출간하는 작가들도 늘어나는 추세다. 책을 쓰는 작가 입장에서는 책을 출간해 줄 좋은 출판사를 찾는 것이 목적이지만, 출판사에서도 마찬가지로 예비 작가의 좋은 글을 찾는 것이 목표다. 그래서 많은 출판사의 편집자들이 책이 될 수 있고 상업적으로 성공할 수 있을 만한 글을 블로그나 브런치에서 수시로 찾는다고 한다. 따라서 블로그나 브런치는 작가에게 글쓰기 작업을 위한 공간이자 운이 좋으면 힘들게 원고 투고를 하고 마음을 졸이지 않아도 출간으로 연결될 수 있는 매개체이다. 따라서 돈이 들지 않는 일이니 하지 않을 이유는 없다고 생각한다.

세계적인 인기를 얻고도 그 비결을 알지 못했던 가수 싸이나 김영하 작가도 어떤 작품이 독자들의 마음을 얻을 수 있을지 예견하지 못했다, 그런 불확실 속에서도 그 두 명은 계속 음반을 내고 소설집을 펴냈다. 마치 여러 개의 낚싯대를 드리우듯 끊임없이 노래하고 글을 쓴 것이다. 노래 한 곡을 불러서 유명한 가수가 될 수 없듯이 한 권의 책으로 유명해진 작가는 없다. 만약 '크림 베이컨 파스타보다 가치 있는 글'을 쓰고 싶다면 끊임없이 1일

1개의 글을 쓸 수밖에 없다는 이야기이다.

  글쓰기를 시작했다면 지금, 이 순간이 가장 좋은 시작이다. 꾸준히 훈련하면 글쓰기가 습관이 되어 능숙해질 것이며, 여러분의 생각과 감정을 표현하는 강력한 수단으로 자리 잡을 것이다. 그렇기에 매일매일 조급해하지 말고, 하루에 3줄씩이라도 써 내려가 보는 것이 중요하다. 어떤 주제든 상관없이 자유롭게 글을 쓰다 보면, 글을 쓰는 과정에서 새로운 아이디어나 발견을 할 수 있을 것이다. 시작이 반 성공이라고 하니, 오늘부터 꾸준히 써 보면 어느새 글쓰기가 필수적인 습관이 되어 있을 것이며, 함께 글을 쓰며 성장하는 즐거움을 경험하길 기대해 본다.

"오늘의 작은 습관이 내일의 큰 성과를 만든다."

- 존 맥스웰(John C. Maxwell)

"무엇에 집중하느냐에 따라 인생이 달라진다."

– 오프라 윈프리(Oprah Winfrey)

"성공은 좋은 습관의 결과이다."

- 토미 뉴베리(Tommy Newberry)